U0017117

就算長大了，
也還是會難過

不完美也沒關係，
擁抱自己的55個溫暖練習

安賢貞—— 著

袁育媗 譯

아무것도 모른 채 어른이 되었다

獻給雖是大人，但內心仍是孩子的你

　　這本書想要獻給身體和年齡是大人，內心卻還是孩子的你。我們總認為自己還不夠成熟，因為一件小事就受傷退縮，可是一方面卻又故作堅強地對自己說：「你已經是個大人了。」

　　內在小孩就是我們尚未成熟的心智。我們以為大人就是要表現得成熟穩重，但內在小孩卻老愛挑釁大人不成熟、不願被人揭發的一面，甚至害我們產生內疚感。如果為了逃避不舒服的感受而放任內在小孩不管，他就會更變本加厲地使壞，難以控制。

然而，大人也可以反過來擁抱內在小孩。當他被欺負而哭哭啼啼的時候，安慰他說「不要緊」。當他害怕得全身發抖時，我們可以給他勇氣。當他不懂事鬧脾氣的時候，用愛去關懷他。

　　人終其一生都是未成品，從來沒有完備的一刻，只不過因為歲數到了，我們就被一律冠上「大人」的稱號。不管你有沒有信心，既然已經是大人了，就得硬著頭皮靠自己。雖說要靠自己，可是人類畢竟是團體動物，無法離群索居。我們依賴他人，卻也因他人而受傷。這時候，即使內在小孩的幼小心靈受傷了，但因為我們深信「大人就該忍耐」，所以也只能忍。

　　我們對內在心靈太苛刻了，如果連自己都無法善待內心，就算別人真心對待你，你也會反射性地懷疑對方的意圖，自我折磨而不自知。

　　就算我們一生都是無法達到完美的未成品，也要堅持關照內在心靈，給自己安慰和鼓勵。

內在小孩就像還在發育的身高，你察覺不出它每天的變化，只有在不經意或是別人提醒你的時候，才驚覺這段時間的改變有多大。請記得，內在小孩明天會變得更成熟，每一天都持續成長。

至今仍在成長的大人 筆

我身上還留著一個小孩

好辛苦！
好傷心！

以前我很苛責他

一點小事就哭？　你長不大嗎？

我受傷了啊
很難過

我其實是內在小孩的照顧者

沒事的，
再來一次就好

就算這世上沒人關照我的內心，至少我還有自己

我的心，對不起

謝謝你

目次

Part 1

大人又如何，
也會犯錯、也會哭

不是不會哭，
而是學會了忍耐

小時候，我以為大人不會掉眼淚。

還記得祖母過世時，父親不但沒哭，還笑著逗我開心，一副沒事的樣子。然而，告別式當天父親卻哭得不成人形。我第一次看到父親哭，原來他一直逞強著不在人前掉淚。

長大後，我們不再像孩子般嚎啕大哭，更多的時候是把快要傾瀉而出的情緒壓抑下來。不是因為年紀愈大愈不容易受傷，而是習慣了忍耐，假裝一切沒事。

你是否曾經情緒失控，恨不得像孩子般放聲大哭呢？孩子哭，大不了是因為摔跤，但是大人的世界想哭的時刻可多了，分手、受傷、自責、挫折、自憐、憂鬱⋯⋯經年累月的舊傷未除，新傷再起，終於有一天，你被最後一根稻草壓垮，好想嚎啕大哭。就算舊傷結起了厚厚的痂，新傷還是會痛的。

　　要是能像小時候那樣，傷心就放聲大哭，那該有多好？

　　如果路上看見一名孩子在哭，一定有不少人會前去關心他、安慰他，問他為什麼哭、爸爸媽媽在哪裡。

　　但換作一個大人在路上哭，恐怕沒幾個人會主動上前關心，頂多好奇地看個幾眼，心想「可能出了什麼事吧？」然後默默走開。孩子哭有人安慰，大人哭泣時，就只能靠自己擦乾眼淚。

　　日常生活時時充斥著哭點，被上司責備、人際關係不順，甚至沒什麼好哭的芝麻小事，也可能刺激到淚腺。我們

不是不哭，而是因為不想被人看到脆弱的一面，因為知道哭不能解決問題，所以不能哭。

遇到傷心事，你一整天都沒哭，雖然眼淚好幾次快要奪眶而出，但是為了扮演好大人的角色、讓自己看起來堅強，你忍住了。只有在獨處時刻，你才能把累積已久的悲傷情緒宣洩出來。

在難過的時候卻想不到可以對誰訴苦，翻遍了聯絡人也找不到能約出來見面的朋友，只能獨自消化負面情緒，是有多麼孤單呢？

與其被動地等待，不如先主動走向臉上寫著「我很好」，內心卻在逞強的大人，關心地問候一句：「你還好嗎？」

當你先伸出了援手，以後遇到難關時，對方也會主動關心你。大人就是靠著彼此互助依賴，才能熬過傷心的時刻。

假使時空倒流回到祖母告別式，父親泣不成聲的那一天，我若緊緊握著他的手，告訴他：「雖然我只是個孩子，但有我關心你、愛你，你就放心地哭吧！」結果會有什麼樣的改變呢？

　　現在還不遲，主動關心身邊的人吧！

我們偶爾會跌倒

跌倒就先怪自己太不小心

再也沒有大人會扶你起來、安慰你了

嗚嗚

長大後好像比小時候更常哭，
我也好想被人安慰！

如何與
不友善的人相處？

隨著年紀愈來愈大，我明白了一件事——並不是每個人都會對你好，有時候讓你受傷的人反而比較多。

不論是孩童時期、學生時期，還是出了社會，任何階段的人際關係問題都會在我們的心中留下傷痕，特別是學生時期最看重同儕關係，情緒也特別敏感，對吧？我們可能因為任何一件小事受傷，可是只因為我們現在長大了，就必須體諒別人，按捺自己不舒服的感受。

人際關係的創傷使我們不再相信人、出現各種情感賣

乏。我們要懂得體諒他人，對方也應該要體諒我們，人與人之間的體諒與尊重是互相的，只有單方面的付出，終究會使一方受傷。

有道是「患難見真情」，在我人生遇到巨大難關的時候，曾經以為的「摯友」露出了真面目，我深深地被背叛，不甘心和憤怒的情緒讓我天天失眠，但趁這次機會我也好好整理了交友圈。

年紀愈來愈大，身邊能見面聯絡的朋友也愈來愈少了，有時候是因為我們各有各的事要忙，有時候是因為關係本身就缺乏體諒與尊重，時間久了，這種不平衡又不合理的關係自然而然就斷了。

所謂的友誼，應該是即使各忙各的，久久見一次面也能像昔日般自在、談笑自若。有些朋友就算不常聯繫，也不會忘記在你生日或有喜事時捎來祝福，或是不時主動問候，這才是懂你、珍惜你、關心你的人。

不必因為身邊的朋友少而傷心寂寞，因為這世上沒有永恆不變的事，永遠都有新的緣分來到你身邊，也會有舊的緣分被淘汰。我們要全心全意對對方好，萬一對方不能等同待之或與你漸行漸遠，也不必強求。

　　當對方與你漸行漸遠而感情變淡時，用不著覺得可惜，因為緣分這種東西，該是你的就會留下，不該是你的強求也沒有用。

不和中傷自己的人
一般見識

「妳最近過得怎麼樣？」

　　某天，我收到一則訊息，是以前傷害過我的人傳來的。人們說時間會淡化一切，但這件事在我心中並沒有被淡化，只是我一直不去面對而已。

　　當時我為了讓自己好過一點，只當成是對方年紀小、不夠成熟，便不去追究，而且一直反芻這件事只會讓自己更痛苦，加害人並不會記得自己做了什麼。讓她賠不是也沒什麼意義，通常這樣的人若認錯道歉，只是因為害怕外界的評價

和指責，並非誠心誠意。

果不其然，她聯繫我並不是想來認錯道歉的。

「能不能幫我一個忙？」

甚至還順便發了喜帖。那瞬間，我簡直氣到喘不過氣。她可以這麼若無其事地聯絡我，可見她完全不記得自己做錯了什麼，或者她根本就不認為自己有錯。

「妳有資格聯絡我嗎？」

我掙扎了很久，回想起從前那段痛苦的記憶，好不容易按下了送出鍵。然而，她不認為自己對我造成過傷害，對她來說，那只不過是一個不小心。

「喔，抱歉，我以前有點壞。那時候年紀輕不懂事，妳就原諒我吧！」

她自己犯錯卻不覺得怎麼樣，還合理化說是因為不懂事，我氣炸了。

　　「好啊，那妳的未婚夫知道年輕不懂事的妳，做錯了什麼嗎？」

　　她沒回覆我，想必是我的當頭棒喝終於讓她知道反省了吧？幾個小時後，她回我了。她寫了洋洋灑灑一大篇，不但認錯道歉，還說她有設身處地想過我的心情。可是我怎麼看都不覺得這是一篇真誠的道歉文，只是怕東窗事發被未婚夫知道而已。

　　「總有一天會穿幫的。」

　　我傳了訊息後就封鎖了她，她用盡方法找到我的號碼，不斷打電話、傳簡訊，但我一概置之不理。往後折磨她的不是對我的罪惡感，而是擔心東窗事發的恐懼吧？雖然算是報復成功了，那感覺卻像踩進一池汙水，很不舒服。

沒多久，有人跟我說她為了掩蓋過錯，到處在背後說我的壞話。但我不在乎，反正會被影響的人本來就不是我朋友，而且大家都知道她以前也中傷過其他人，我光明磊落，沒什麼好怕的。

從此之後，當有人對我做錯事，如果我指出他不對的地方，但是對方卻不肯認錯，我就不會再跟這種人來往。

已經一身泥的人，不覺得把泥巴濺在別人身上有什麼錯，所以沒必要跟他一般見識，那只會髒了你的手。

你可能看到壞人吃得飽、睡得好，因而憤憤不平，但爬得愈高摔得愈重，就放任他們繼續走歪，看他們終日害怕東窗事發而戰戰兢兢、如履薄冰的樣子吧！歪道最後必是懸崖，最強的報復就是走好自己的正道。

禍從口出，
無心之言也會傷人

嚴厲指責、批評、謾罵、爆粗口等都會傷人，但無心之言也可能傷人，這時候受傷的人卻常被說成是小題大作、個性太敏感。

某個朋友平常就喜歡對別人品頭論足，有意無意貶低他人，十分樂於炫耀自己的聰明才智，好為人師。

有一次我穿著別人送的衣服，她笑著說：「妳這件衣服在哪買的？一點都不適合妳。妳知道嗎？每個人都有適合自己的顏色，這顏色跟妳不搭。」

「這是別人送的。」

「男朋友送的?是不是很多人說他沒眼光?」

「那個人是我爸。」

她一臉尷尬,但很快就把剛才的失言合理化。

「哎唷,抱歉,我不知道是妳爸爸送的。我沒有惡意,只是想讓妳知道這顏色跟妳不搭。」

從此之後,我不自覺地在意她說的話,總覺得她話中有話,弄得自己很心煩。

有一次她稱讚我說:「妳今天穿得真漂亮!」我心裡就懷疑:「她是真心覺得好看嗎?前一天還說我不會穿搭,今天就稱讚我,應該在諷刺我吧?」明明是一句讚美,在我耳裡卻變得很虛偽。要是換別人講這句話,我應該會很開心地跟對方聊下去,但由她說出口,我就開心不起來。

難聽的話一說出口,就無法回復了,即使你再怎麼修

正、道歉，已經造成的傷害也不會恢復成從前的樣子。一次的失言造成對方的傷害有多重，他對你的刻板印象就有多深，你身上被烙下「他就是那種人」的負面刻板印象，而這種印象將永遠留存在對方心中。

當然，不是沒有機會挽回，但已經形成的印象是很難消除的。

每個人的成長過程都不一樣，在意的事情也不同，同樣一句話可能對我來說無傷大雅，但是對另一個人卻是事關重大。失言傷人的狀況，不只是在互不了解個性和背景的時候發生，太過親近的關係也容易發生，因此話說出口之前要三思，別忘了對方的成長背景跟我們不同，要體諒他的立場，這樣才會有一場雙方都愉快的對話。

這件衣服好不適合你

長大後才明白
大人的苦衷

「老伯，你為什麼一個人住？不會寂寞嗎？」

　　小時候隔壁住了一位老伯，我第一次看到老年人獨居，覺得很新奇，因為我所知道的大人都是有家庭的。老伯白天也不去上班，總是穿著運動服在家門前抽菸。他老是把「沒錢、沒錢」掛在嘴邊，卻成天去超市買燒酒。偶爾他看我在外面玩，還會順便買西瓜冰給我吃。

「因為家裡太小了。」他回答。
「我們家也很小啊。」我說。

「妳還小，老伯的孩子都大了，不回來了。」老伯說。

我已經不記得老伯長什麼樣子了，只記得他沉默寡言，臉總是紅通通的，眼珠子泛黃。有時候我會吃著他買的冰，好奇地問他一些問題，但老伯總是回一些我聽不懂的話。

「為什麼你天天都在喝酒？」
「妳長大就知道了。」

自從小學五年級秋季運動會之後，我就再也沒看過他了，大人們也不說他的去向。

我長大後才知道，老伯因為經商失敗離婚，終日借酒澆愁，後來就去世了。

「老伯以前很疼妳呢！他也有個女兒。」

我才知道原來老伯是借酒來忘卻孤單、麻痺離婚與事業失敗的痛苦，原來他買冰給我吃，是因為他想念離婚後分居

的女兒。原來到最後，他還是敵不過孤單、痛苦、悲傷、思念，終究還是離不開杯中物。

要是能回到從前，我有好多話想對他說。雖然現在的我無法百分之百理解他的想法，但同樣都是人，至少能體會他有多辛苦。

年紀愈大，我們愈能理解大人的苦衷，明白小時候不明白的那些事。隨著年齡增長、身心成熟，我們經歷的孤單與痛苦愈來愈多，當然也經歷過更多快樂與慰藉的時刻，在單純的「喜歡」和「討厭」兩種感受之上，又分枝出無數的感受，例如執著、厭惡、挫折、希望、喜悅……等等。

因為有過獲得的喜悅，才了解失去的痛苦。因為擁有過信任和友誼，才知道背叛的痛；因為想要更多的財富，才會對現況與失敗感到痛苦；因為相愛過，才知道分手的痛。

　　對過去的事悔恨在心，時間久了它在你心中就變成了一灘死水，不如疏通這灘死水，排掉後悔與痛苦的情緒，替換成乾淨的水，讓過去的不幸不再影響自己。如果一直在心中反芻，反而會加深「自己很不幸」的信念，相信過去的自己不幸，長大後依然會不幸。

　　你可以去追求、捍衛想要的東西，但不必孤注一擲。你可以傷心難過，但不要讓自己一直沉溺在絕望中，執著於過去的不幸。

日久見人心，
留下的才是真朋友

　　人長大，經歷的事多了，也就漸漸失去了單純，遇到別人對我們釋出善意，第一個反射動作是起疑，心想「對方為什麼要對我好？他想從我這邊得到什麼？他想利用我吧？」

　　對人起疑或產生防備心，可能來自於過去的負面經驗，你曾經為對方好，可是你的尊重與體諒最後卻遭到對方利用或看輕。

　　當然，我相信對方不是一開始就利用或看輕你，最初的他一定也是抱持善意與友好的態度。要是一開始對方就不懷

好意，你也不會為他敞開心扉吧？

　　但是人跟人相處久了，往往把對方的好視為理所當然。他需要幫助時，不但不感激你空出時間幫忙，還嫌你幫得不夠多，要是你不得已沒辦法幫他，他反而生起氣來在背後中傷你。

　　甚至有些人還會說：「這點小事也不願意幫嗎？」用「我們這麼熟」或「你對我很重要」來情緒勒索。你被對方自私的舉動傷害了，才明白原來他一直戴著好人的面具，善意全都是裝出來的。

　　「我以為他人很好，才對他這麼好的！」你心想。

　　一次次不好的經驗累積下來，你對人失去了信任，當別人對你好的時候，就忍不住懷疑對方另有企圖，害怕又再次受害上當。

　　有些人很習慣戴著「親切好人」的面具，人心難測，你

很難看出對方真正的心思。即使如此，每一次遇到新的人，你還是願意賭一把，相信這次對方是真心的，但到了最後，信任又再次換來了辜負和傷害，你一次又一次地受傷。

不過，這些年來我的體悟告訴我，唯有做好自己、真心待人，虛情假意早晚會見光死，你會看出誰才是真心誠意。這就是我找出真心朋友、淘汰虛假朋友的方法。

世界很大，不必因為遇過幾個假好人就認定這個世界不值得信任，一定有人是真心誠意地對你好。

要珍惜身邊時常心懷感恩，請求協助時態度委婉、知恩圖報的人。

我相信只要抱持著一顆孩童時期單純的心，隨時記得面對他人時的初心，全心全意對待他人，真正的好人就會被你吸引而來。

大人也會犯錯

　　我還是菜鳥新鮮人時，總是一天到晚出錯。由於工作量超出我的能力範圍，再加上身為新人，各方面都還很生疏，要做的事卻一大堆，主管和前輩還會臨時插件進來，簡直忙得不可開交。我常常一不小心犯錯，就被罵得狗血淋頭。雖然我也因此學到了很多，卻把自己弄得身心俱疲，幾乎快要得憂鬱症。

　　每次我急著趕快把眼前的工作完成，旁邊卻又迸出其他緊急事項要處理，排山倒海的工作讓我不知所措，結果每件事都做成半吊子。其他同事三兩下就把事情處理好，反觀我

實在是能力不如人。一個人要扛下所有事情，真的很辛苦。

我安慰自己「熟能生巧」，但事與願違，我還是一直被罵，像個專門惹禍的孩子。

我在那份工作中，切身體會到社會有多麼殘酷。這個世界存在著冷漠無情，你必須為錯誤負起全責，就算是無心之過也很難得到諒解。同事嚴厲的目光、不留情面的指責，讓我變得自我價值感低落、不斷自責，也看不起自己。

「都那麼大了還犯這種錯？」
「妳都那麼大了！」

我還沒準備好，就不知不覺變成了大人；才剛剛踏入社會，就得適應一個完全不同的環境，心真的好累。明明大人也會犯錯，也會有不小心的時候啊！沒有人是完美的，身為大人，只要努力不犯錯，並且能夠為錯誤負責，告誡自己不再犯第二次就好了。不必因為一次的失誤就垂頭喪氣，失去自信。

告訴自己：「同樣的錯不再犯第二次，下次繼續努力！」

此外，我們要學習原諒自己。犯錯了卻缺乏反省與悔意，那是自我合理化，但也不必過度自責，不斷自我貶低。我們應該像教孩子一樣，循序漸進引導自己慢慢領悟。即便這個世界上沒人站在你這裡，至少你可以站在自己這一邊，給自己多些寬容、多一次的機會，相信下次會做得更好。

真正站在你這裡的人會處處為你設想，不厭其煩地鼓勵你。記得對自己溫柔，不要老是否定自己，把「我做不到」、「我什麼事都做不好」、「我很爛」掛在嘴邊。別忘了，你的內心住著一個孩子，他還沒長大。

真正傑出的大人並不是不犯錯的完人，而是懂得從錯誤中記取教訓，一步步讓自己變得更好。

有時候，
不全然都是你的錯

　　事情發生在我剛畢業不久，初入職場的時候。當時我不顧父母的擔憂與反對，執意要在外縣市工作。隻身一人在陌生的環境打拚、找房子，必定有其辛苦之處，但一想到自己終於獨立了，生活也漸漸安頓下來，心中就充滿了喜悅和成就感。

　　就在我即將轉正職的前兩個月，別的部門的某位代理（韓國職場職稱，相當於部門的組長，職位高於一般職員）把燙手山芋丟到我手上，要我幫她一起處理一件快到截止期限、工作量龐大的專案。那個專案跟我的業務領域完全不相

關，但是基於她是老闆的女兒，主管特別交代要幫忙，所以我只能盡我所能，連夜加班支援。

但是沒想到某一天，我居然變成了那個專案的負責人，我大吃一驚，連忙問主管是怎麼一回事，主管只是淡淡地說代理已經把事情處理得差不多了，現在只需要收尾，要我在一週內完成。

可是我仔細一查，除了我前幾天協助找的資料之外，根本一點進展也沒有，連合作的外包也還沒開始動工，因此我向上反映一週內完成有困難，可是公司不接受我的說法。

明明我是跨部門支援，公司卻沒有為我做交接說明，而且外包廠商原本拍胸脯保證會準時交件，後來卻不斷拖延，我只好自己加班趕工，甚至把工作帶回家繼續做，很害怕做不好會影響我轉正職。

為了讓專案能準時完成，我建議公司替換成可準時交件的外包廠商，但因為原廠商是老闆的朋友，我的公文還沒呈

上去就立刻被擋了下來。我氣他們如此不合理，同時也很害怕，因為整個專案成敗的責任都落在我身上了。說也奇怪，我感覺那陣子同事們開始迴避我，都不主動跟我講話，我吃飯常常是一個人，在公司一整天都沒開口說過半句話。

後來我沒能在期限內完成專案，老闆因此暴跳如雷，大罵我給公司帶來極大的損失，主管也怪我明知做不到為何還要接手。

看來我之前向公司反映一週做不完、解釋我遇到的困難之處，他們聽起來都只是我在找藉口而已。我在即將轉正職的前一個月，就被惡意解雇了。公司不但一直提起損害賠償，還恐嚇說要在業界放話讓我找不到工作，並拒絕給付失業補助金和退職金。

被解雇後，我馬上要面對生活費跟房租的壓力，而且前陣子養的貓生病了，我還跟銀行貸款支付手術費。未來一片茫然，不知該怎麼辦才好。離職當天，老闆的女兒瞪了我一眼，接著轉頭跟其他同事有說有笑，我心裡很不是滋味。在

這個沒家人、沒朋友的異鄉，突然覺得自己孤立無援，因為怕父母擔心失望也不敢告訴他們，只能一個人獨自承受所有的痛苦。

日後我在人力仲介網站看到其他人對這間公司的惡評——「爛公司」、「把約聘員工吃乾抹淨，再狠狠掃地出門」，才知道原來他們早已惡名昭彰，為了不讓約聘員工轉正職，經常用職場霸凌或不合理的工作量來逼走員工。

當時的我只想到自己的人生就這樣完了，害怕得不得了。那段痛苦的記憶成了我心中的創傷，好像一切都是因為自己不好才變成這樣。

但日後我用更成熟的角度回顧這件事時，發現我不該總是自我貶低、自我傷害，要是換成現在的我，一定會向勞工局告發其霸道行徑，給他們一個嚴厲的教訓。

回想二十五歲的我，真的很可憐、很令人心疼。為什麼我只能獨自承擔痛苦呢？為什麼沒有任何人願意伸出援手

呢？如今我已經長大了，也變得更堅強，有能力去擁抱當年躲在公司廁所裡偷偷啜泣的自己，安慰她說：「是那間公司太壞了。辛苦了，現在妳所經歷的一切，是長大成人的過程中，必經的痛。」

如果現在有人也和當初的我有類似的處境，或者這個人就是你時，我想向你說：「別難過，這不是你的錯。」

這不是你的錯

沒有人喜歡
跟愛說教的人訴苦

有時候就算你說的話再有道理，對方多麼需要客觀冷靜的建議，但如果他根本聽不下去，你的這些話反而會令他更受傷。

還記得有一次我參加徵文比賽落選，傷心地跑去找朋友訴苦，沒想到他一副事不關己的樣子說：「妳會落選一定有合理的原因，例如其他人文章寫得比妳好。畢竟評審是專業的，不會有錯，對吧？」

「你看過我的作品嗎？」我問。

「沒有，我沒看過。」

有些人講話不但安慰不了人，還造成二度傷害。給出對方不需要的建議，只會被當成多管閒事，所以有些話放在心裡就好，用不著什麼都說出來。

「你應該這樣那樣。」
「你為什麼不這樣那樣。」

很多人習慣用這樣的句型安慰人，然而被安慰者的心裡比誰都清楚該怎麼做，說不定他已經非常自責了，好不容易把傷心事告訴你，並不是想換來一陣批評跟指責。如果你提建議之前並沒有真正發揮同理心，去理解對方的心情，那麼你的建議不過是個人的經驗談罷了。這種安慰會讓雙方都不愉快。

回到剛剛說的比賽落選，另一個朋友第一個反應是關心我的心情，結果便截然不同。

「走！我請妳吃炸雞，吃完心情就好了！這樣才能再繼續比賽。得獎了換妳請客。」

人在最傷心的時候，這種簡單的安慰反而更有幫助。安慰別人之前，應該先觀察對方想要的是被關心，還是客觀的建議。

別人找我們訴苦時，先做一個傾聽者，讓對方盡情把話說完，並且發揮同理心問他：「現在覺得如何？」關心他的情緒。最後才是以關懷的口吻、謹慎的態度給出建議。

沒有人喜歡跟一個愛說教的人訴苦，那只會讓自己更受傷、更自責，變得更沒自信。

不要花時間
討好討厭你的人

　　你曾經無端地被別人討厭嗎？你納悶，不知道自己哪裡做錯了，說不定你還曾經開門見山地找對方問個明白。

　　如果對方願意說原因，你還有機會改進，但有時候說不上來為什麼，甚至他根本不想跟你講話。

　　你不斷地思索他為什麼討厭你，每次碰面時都有種快窒息的感覺。我唸書時也被人討厭過，後來我約她見面，很誠懇地問她原因，還說如果是我的錯我願意改。沒想到她回答：「沒什麼原因，就是討厭。」

這句話更折磨我了。我無法克制自己不去思考可能的原因，是不是我有什麼自己不知道的缺點？我會不會被更多人討厭？終日惴惴不安，變得畏首畏尾。

她討厭我就算了，還到處跟別人講我的壞話，害我的日子一天比一天痛苦。

有一天，我在廁所聽到她和其他人聊天。

「我還是很討厭她。」

我忍著快要奪眶而出的淚水，在廁所裡不敢出來。此時，另一個女生說：「可是我滿喜歡她的。」

突然間，我的心平靜了下來，原來還是有人喜歡我的。我沒辦法要求其他人跟我有一樣的感受，別人有可能無緣無故討厭我，我也有可能無緣無故討厭別人。

其實討厭一個人一定有原因，例如話不投機、隱藏的自

卑心作祟等等，每個人的理由都不同。如果是單方面主觀覺得跟對方不和，那麼就只是個人喜好的問題而已，被討厭的人本身沒有問題，所以也用不著說自己為什麼討厭對方，畢竟每個人的喜好本來就不一樣。

世界上一定有不喜歡你的人，同樣地，也一定會有喜歡你的人，與其花費精神去討好討厭你、讓你難過的人，還不如好好跟喜歡你的人相處就好。

別放棄，再撐一下吧！

有時候你感到無力、憂鬱，甚至失去了活著的意義。

你不再期待峰迴路轉或柳暗花明，完全陷入了絕望，一切都變得無所謂了，什麼事都不想做了。

你變得極度厭世，認為沒有人懂你，周遭的安慰都是老掉牙的話，勵志的文字也無法引起心中的共鳴。你誰都不需要，因為你覺得大家根本不理解你，只會表面裝一副很關心你的樣子。

我也曾經被逆境壓垮，想要對一切撒手不管。那場惡夢漸漸腐蝕我的心智，我終於一蹶不振。那些號稱專業的精神科醫師，他們說的話都是千篇一律，開的藥也大同小異。周遭對我的擔心和建議只會讓我更憤怒而已，我心想「你又不是我，講得好像你經歷過一樣」。

　　溫馨的電影或電視劇都無法讓我開心，反而引發我的相對剝奪感，氣自己沒辦法像劇中人物一樣幸福。為什麼全世界的人都這麼幸福，只有我最不幸？

　　這些負面情緒中最令人痛苦的是——我失去了希望，不再期待明天。

　　我再也受不了了，活著有什麼用？明天一樣痛苦，未來也不會有任何改變。

　　當一個人陷入絕望的深淵，什麼都看不到也聽不見，腦中只有「絕望」二字。沒有人能理解你的不幸和痛苦，最後最懂你內心的人，只有自己。

我的經驗讓我明白，原來被擊垮之後拉自己一把的人，只有自己。當你放棄一切、敗倒在地時，請給自己一點力量，努力抬起頭看看周遭、聽聽四周的聲音吧！

　　你可以大哭一場，也可以大發雷霆，更可以索性什麼都不管、什麼都不做，但就是不要放棄。我陪你一起，好嗎？

　　只要不放棄，你會看見有一群人默默向你伸出援手，他們一直在等待你戰勝絕望，從黑暗中走出來。這些人一直守護著你，等你振作起來，有一天能聽得進他們的聲音。

　　在櫻花飄落的四月天，我走著走著突然停下腳步，讚嘆一句──活著真好！

　　因為我沒有放棄，才能看到這麼美麗的春天。

　　就像冬天過去，春天又來，我的人生也有春暖花開的一天。我曾經絕望地以為再也遇不到這樣的美好，但春天真的來了！所以，讓我們再撐一下吧！

順其自然，
也是一種生活態度

有時候你覺得人生好苦，似乎沒有力氣再走下去了。你不想面對明天，寧願每天早上都不要睜開眼睛，永遠就這樣睡去。

你的腦海塞滿千千萬萬個煩惱，厭世地認為這個世界沒了你也會照常運轉，只有自己是最不幸的人。只要自己消失了，什麼問題都解決了。

為什麼會這樣想？原因很多，例如一成不變的生活、不斷加深的創傷、孤立無援的感受、過度的自責與自我貶低。

長大之後，這些痛苦不斷累積，隨便一件小事都能成為壓垮駱駝的最後一根稻草。

你對世界憤怒，對傷害你的人憤怒，最後也對自己憤怒。這一切都是因為你真的累了。

你不知道未來會如何，也沒有人能保證以後會怎麼樣，你害怕現況會一直壞下去，所以你只想逃避。可是你不知道該怎麼逃，也不知道要逃去哪裡，於是你選擇了最簡單的逃避方法，沉溺於最原始的歡愉、放逐自我。

即使遇到一點點不開心，你也會從過去不幸的記憶中尋找原因。

「沒錯，我就是這樣的人，我很衰，幸福才不會降臨在我身上呢！」

萬物時時刻刻都在變，沒有任何東西會永遠停留在身邊。人之所以會痛苦，就是因為害怕這種不確定性。

時間就像一條洪流，我們站在河中，被湍急的河水拍打而感到痛苦，因為搆不著被急流沖走的東西而感到難過。你對這些東西的執著像一棵扎根在河中央的樹，試圖與急流對抗。即使是一棵高大的巨樹，在經年累月的侵蝕與衝擊之下，最後還是會變成斷枝殘幹。

　　你的內在小孩會一直鬧脾氣，吵著要這個那個、吵著要對人發飆、吵著不願分手，一邊大哭大鬧。如果你罵他，說他太懦弱無能、對他生氣，只會讓情況更糟。

　　你必須對內在小孩有耐心，溫柔地告訴他，不要執著於那些會變、會消逝的事物，真正永恆的價值存在自己心中，包括：堅強，遇到困難也不會動搖；勇氣，面對突如其來的變化也能挺身面對；希望，失敗之後還能重新出發。

　　為了獲得真正的價值，我們必須用平常心送走那些執著。世界是無常的，所以對任何事都不必執著貪戀。

　　人的心也會變，曾經以為會愛對方一輩子，後來連他的

長相都不記得了；有一天你會發現，就算遇到曾經傷害過你的人，也不覺得怎麼樣了；當初你買到夢寐以求的東西高興得不得了，最後卻把它遺忘在房間角落蒙塵。因此，當下此刻的痛苦，終究也會像這樣消失的。

抱持「物來則應，過去不留」的態度，心裡反而更舒坦，你喜歡的事會順其自然地達成，在你身邊停留得更久。現在的你即使痛苦到恨不得放棄一切，狀況也一定會變好、機會也會再度出現，就像乾淨的河水流過一樣，又是一個嶄新的開始。

Part 2

為了成為大人，
我也還在學習

父母的嘮叨
是為了孩子好

　　媽媽到現在還把我當小孩子看。小時候想趕快變大人，所以我特別討厭她把我當小孩對待。就算我滿二十歲，她還是把我當孩子。

　　「早點回家。」
　　「做決定之前先跟父母商量。」
　　「妳還小。」

　　以前我把這些話當成她愛嘮叨，不當一回事，但現在我明白媽媽不是嘮叨，而是最真誠的忠告。父母的人生比孩子

早開始，他們先探索了未知的世界，在殘酷的社會中受傷，學習忍耐以及如何從挫敗中站起來，他們身上的傷痕比我們更多、更深。父母先替我們走過了成長之路，經歷過無數的試錯過程，為了保護孩子不受傷害並有個幸福美好的人生，才會變得愛嘮叨。

我們進入殘酷的大人世界之後，就不斷被嚴格的社會標準所評價，愈來愈少「理解」和「包容」的溫情。在人際關係遇到了不如意、工作壓力大、生活處處受氣時，跟外人訴苦通常換來的回應是「都多大年紀了，還這麼小孩子氣」、「不要抱怨了」，所以很多話都只能往肚裡吞。

或許這個世界上，只有父母能在我們毫無掩飾地大哭、抱怨，甚至是犯下難以挽回的錯誤時，還能夠接納並理解我們吧？

即使大多數的狀況是被罵一頓，但多半是出自於父母對孩子的擔憂與憐惜之心。我們當下可能會氣父母沒站在自己這一邊，但日後想想就會明白他們的用心良苦。

孩子在父母的眼中永遠是需要保護的雛鳥，就算我們在這個世界上生活再久，和父母的年齡差異仍無法縮小。對父母這樣真正的大人而言，他們深知所有的痛苦都會過去，犯了錯不代表人生全毀，痛哭一場還會有力量再站起來。

　　因此，最近我開始練習每當父母唸我時，把那些話都當成愛的語言，像在說「希望我的寶貝女兒平平安安」、「希望我的孩子順順利利」、「我們真的很愛妳」等。

　　與其一被唸就反彈或不耐煩，我期許自己成為一個有智慧的大人，聽得出父母話中的愛。

犯錯也無妨，
從錯誤中成長就好

　　小時候有很多想做的事，選擇也很多。因為年紀小，總覺得時間無限、機會無窮，因此有好多好多夢想。但長大之後，我們放棄了曾經的夢想，把它坤藏在心底，做著完全與夢想不同的事。偶爾想起那些被拋棄的夢想，總是一陣心酸難過。

　　成為大人之後，我們有了自由，也必須承擔相對的責任，責任則隨著年齡增長愈來愈重，把我們壓得喘不過氣來。無論是工作、婚姻、人際關係，因為是大人了，就算犯一點小錯也不見得能被原諒。

人生是一連串的選擇，我們必須對所有的選擇負責。有時候選擇不被認同，有時候甚至換來不好的結果，於是我們變得不敢輕易下決定，也不敢貿然行動，因為害怕失敗，因為過去的慘痛代價讓我們退縮了。

　　我們總是用現實面來打擊自己，用「我還不夠成熟」、「我做得到嗎？」或「已經來不及了」來逼退自己，而不去嘗試。我們把藉口當忠告，勸退自己不去下決心，不去發現新事物，在冒險出發之前緊急踩了煞車。

　　只要還活著，雖然不能改變過去，但我們能往前走。人生的終點不就是死亡嗎？抵達終點之前，每個人都有自由去選擇自己想要走的方向。就算你不認得路，就算你聽別人的話走錯了路、吃了苦、繞了遠路又何妨？老天爺很公平，每個人的終點都一樣。

　　你要為自己做出最好的決定，但記得決定了就不要後悔。每個人都是從錯誤中成長的，選錯了，大不了從頭再走一遍，或讓自己休息後再出發。

每個人都有失敗經驗，成功的背後一定經歷過失敗，成功的人之所以能不斷挑戰，最終獲得成功，是因為他們不覺得那是失敗。因此，我們不該想到失敗就害怕，何不把它當成一種「試錯」的過程呢？

　　這麼一來，每當我們犯錯，就像蒐集到一把通往成功的鑰匙，最後一定能達成想要的成果。

　　小時候我們都有夢想、勇氣、膽量，長大之後我們依舊需要這些東西，告訴自己「做錯沒關係，重來就好，下次會做得更好」，然後鼓起勇氣接受挑戰。

　　你小時候玩過只踩白色斑馬線過馬路的遊戲嗎？我以前常常玩，而且還訂了「踩錯就死」的奇怪規則。我腿短個子小，每次都得使出吃奶的力氣才能跳成功，有時候失敗了，我就賴皮地說：「剛剛那次不算，只是練習。」隔天再繼續挑戰。最後我好不容易成功了，大聲歡呼：「我沒死！」

這只是個練習，做得不夠好也沒關係。你隨時都可以重來，就算失敗了也無妨，你會好好的。

　　就是憑藉著這股信念，我有了勇氣持續書寫。我相信你也辦得到。

就算現實不如人意，
也不要低估自己的能耐

不知道你有沒有半途而廢，並且感到挫敗的經驗呢？

我放棄過的事情多到數不清，用「放棄」這個詞還以為是什麼天大的阻礙，逼得我不得不放棄了不起的大事一樣，但其實就只是運動、維持新嗜好、每天寫一句話、每天畫一幅畫……這類沒什麼大不了的事情而已，而且也只是我懶得做，所以才沒完成。

久而久之，每當我下定決心要做出重大改變，只要出現一絲絲不去做的理由，或突然有什麼事讓我無法持續，我就

會很快放棄，還理所當然地認為放棄是出於無奈。

其實我心裡很清楚是我自己選擇放棄的，所以看到別人貫徹始終、達成目標，就覺得自己很糟，那些人跟我好像是不同世界的人。

心想，我連對自己的小小承諾都遵守不了，還能做出扭轉人生的大改變嗎？當時我失去了自信，連設定目標的動力都沒了，每天過著沒有目標、過一天算一天的頹廢日子。

要一直維持剛開始的熱血是一件很難的事，因為事情進行到一半常常遇到考驗，例如發現情況不如預期或結果不甚滿意，你就會陷入兩難，不知道該放棄還是繼續堅持下去。如果你經常選擇放棄，久而久之會變得因為害怕中途的考驗而不敢開始。

「我不夠好。」
「我沒有自信能把事情做好。」

拋開這些想法，轉個念告訴自己「不完美、不滿意也沒關係，試著做就對了」。

　　沒有人第一次就做得好。大家都知道愛迪生發明了燈泡，但是不一定知道他歷經了兩千次的失敗，因為大部分的人只看結果。或許只有你一個人知道自己為了達成目標，中途經歷過多少次失敗跟挫折。這些失敗跟挫折一定會讓你更堅強，幫助你邁向更廣闊的世界。

　　只要不斷反省過去的失敗、檢視不足之處並一一補強，你會愈來愈滿意自己，變成心中追求的樣子，而不是別人認為應該要有的樣子。

　　就算現實不如人意，也不要低估自己的能耐，更不要懷疑自己的潛力。世界上沒有所謂的完美，那只不過是因為從你眼中看來，別人都很完美，只有自己不完美。你過去的經驗就是最好的人生參考書，從今以後也要持續走好每一步，把這本書豐富起來。

別被還沒發生的事，
綁住了手腳

小時候我常被鬼故事嚇哭，童話故事上說壞小孩會被抓走，我還信以為真，害怕得不得了。我以為長大之後就會變得天不怕地不怕。

可是真的變成大人之後，害怕的事情卻更多了，因為你能想像出更具體、更多樣的阻礙，你經歷過失敗，知道失敗有多痛。你擁有的多，怕失去的也多。你愈來愈害怕社會與他人的評價，怕自己不被認可，怕沒把事情做好，怕努力卻得不到回報。

這麼多的擔心害怕，讓你想逃避，甚至躲起來，用「還沒」準備好、「還不夠」完美來迴避現實，但事實上不是你「還沒好」，只是被恐懼綁架了。

大人的恐懼跟孩子不同，孩子是被他人嚇的，大人則是自己嚇自己。我們不相信自己，當害怕的結果出現在眼前，也沒有勇氣去戰勝它，反而屈服於它，遇到一點點阻礙就放棄。日後再回想從前，或許會對當初的膽小感到後悔吧？

「那時候為什麼不再堅持一下呢？」
「早知道不管三七二十一做就對了，想那麼多幹麼！」

誰都沒辦法保證擔心的事不會發生，但是因此而不去做，事後後悔的程度會遠大於當初的擔心。我們應該鼓起勇氣面對恐懼，勇敢地站在「自我設限」的高牆前，緊緊閉上眼睛，不顧一切往前衝，反正沒有人知道結果會如何。

不要被「還沒」、「我怕」、「萬一」等不安綁住了手腳，被自己砌的牆擋住而停滯不前。

「還沒到最後，怎麼知道結果？」

「萬一害怕的事發生了，我也……」

「萬一失敗了，我還是……」

不妨換個想法，給自己持續向前的機會吧！

只要有心，
人生也能如冒險般精彩

　　我在鄉下上小學，上學路上經過住宅區之後，柏油路變成了泥巴路，眼前是一片綠油油、種滿各種不知名作物的農地。農地常飄著肥料的味道，因為村子內有水庫，早晨的空氣總是霧濛濛一片。

　　因為怕上學遲到，早上我只管往前走，但放學後就不一樣了。我會和同學一起在竹林穿梭，到處亂跑發掘未知的路線，像極了一場冒險。有時候玩太瘋而晚歸，有時候發現捷徑早早返家。我們曾經一起觀察鳥巢裡的鳥蛋，目擊橫越田埂的大牛蛙，原來牛蛙的體型如此巨大。我們還觀察在菜園

地上攀爬的西瓜是如何生長、開花結果。

當時的我們對一切充滿好奇，總是冒險找尋新事物，過程就像一段快樂無比的旅行。

長大之後，冒險和旅行對我來說就像兒時記憶一樣，愈來愈遙遠了。我不再是學生，而是成為「公司」中的一員，我的生活路線只剩下上下班，在規定的時間上班打卡，下班後偶爾見見朋友，或直接回家。

我日復一日地在相同時間起床、上班，做著相同的工作，接著下班、睡覺。我的人生沒什麼特別，平凡到有點無聊。這樣一成不變的日子重複了幾年之後，我再也受不了了。別人說我是勤奮認真，但我卻感到很抑鬱，我好像離自己想成為的樣子、想要的未來和夢想愈來愈遠，就快觸不到它們了。

要辭去耕耘多年的工作並轉戰新領域，是一項讓人生一百八十度轉變的大冒險。周遭親友知道我想離職時，也勸

我做這麼久了不要想不開。我在穩定和變化、安逸與風險之間舉棋不定，終於在某個悠閒的午後，我趁著午休時間靜靜地望著窗外，突然一個念頭飛進腦中。

「難道我人生的最終目的就是當個上班族，每天過著一成不變的日子嗎？萬一我突然被解雇了該怎麼辦？誰知道未來會發生什麼事？沒人能保障我的未來。」

我突然有種強烈的感觸，我要繼續過著安逸的日子，像籠子裡跑滾輪的老鼠，一直過著無限迴圈的生活嗎？還有什麼事比自己的幸福更重要？

我還沒有足夠的勇氣立刻反轉人生，所以我先從小地方著手，下班後自己練習寫文章和塗鴉，還去報名了相關的課程。我從不去想這個世界上有多少人的文筆比我好、畫畫比我強，我只專心去做自己想做的事情就好。

我一邊做，也一邊想起小時候的我。放學回家的路上，我和同學自由自在地穿梭在竹林中，四處探險發掘新的回家

捷徑；我們一起觀察農作物、聽鳥兒唱歌。長大之後，我似乎只顧著往前衝，沒有多餘的心思去看看路邊的景色。我疲憊地拖著沉重的步伐，一步一步踏著別人鋪好、所謂平坦順遂的路，卻從來沒想過要去走走看曾經好奇、想嘗試的路。

下定決心改變不是一件易事，你可能會擔心起步太晚，害怕失敗後的爛攤子。有太多事情足以阻止你，但是你不可能過著跟昨天相同的日子，卻期待人生將有所改變，那只是一種「貪念」跟「妄想」罷了。

每個人遇到陌生又充滿不確定性的路時，一定會害怕，但是如果那條路吸引著你，就算走得崎嶇不平，也會有種冒險的悸動。在陌生的旅途上，除了往前看，也別忘了環顧四周，你會發現其實有數不清的路為你展開，只是過去不曾注意到而已。

你可以像我一樣從日常生活中的小變化著手，例如坐車回家時提早一站下車、開始一項新嗜好、上網學習一項新技能等等。先從輕鬆簡單的事情開始，等你漸漸習慣改變之

後，你會發現這些小小的變化，其實是人生的新里程碑，跟著這些指示走，將會迎來令你驚嘆不已的巨大改變，你沒有脫離正軌，而是踏上一條全新的道路。

只要下定決心，每個人都可以把人生過得如同旅行或冒險般，多采多姿。

我發現一條
新的路了！

大人也需要放暑假

　　你有過突然懶蟲上身，找藉口拖延正事的經驗嗎？小時候不論我們怎麼拖延，大人都會睜一隻眼、閉一隻眼包容我們，給我們「下一次的機會」。

　　但長大之後狀況就截然不同了，大人的藉口通常不被接受，一旦被認定「懶惰」、「不負責任」，就失去了「下一次的機會」，漸漸無法在社會上立足。

　　換個立場想，就不難理解現實為何如此殘酷了。你是否遇過不斷拖延最後捅出大婁子的人？他害周遭要幫忙擦屁股

善後，自己卻兩手一攤。有些人成天只會撿現成，有些人動不動就把事情丟給別人，有些人則成天抱怨卻不知反省。

大人的懶惰跟孩子的懶惰不同，大人的懶惰會連累周遭、給大家添麻煩。

其實大人跟孩子一樣，誰不喜歡輕輕鬆鬆什麼都不做、什麼責任都不負，只顧著自己玩樂呢？但是，也沒有人打從一開始就想拖累別人，當個懶惰鬼。

每個人都有突然失去動力、什麼都不想做，好像整個人都沒電的時候。這種時候我們通常會找理由來合理化自己的行為，但過度合理化，就會演變成令人討厭的懶惰與散漫。

當然，太累的時候就好好耍廢偷懶吧！只要是自己承擔得起的懶散，其實也是一種休息和放鬆，可以幫我們充電，以便面對未來的大風大浪。

不要把自己逼得太緊，不斷批判自己「我怎麼這麼

懶」、「我好沒意志力」、「再這樣下去就會一事無成」、「我好爛」，因為過度自責會陷入憂鬱，更變本加厲地批評自己，掉入更黑暗的深淵。當我們把精力都用在不對的地方，就沒有多餘的力氣讓自己振作起來，因而愈感無力。

在不影響他人的前提下，認真做好該做的事，適時地犒賞自己一段悠閒的時光。在這段時間裡，你可以盡情地耍廢偷懶，這才是真正的大人式懶惰，對吧？

把痛苦留在今天，
才能迎向全新的明天

　　有一次朋友的皮夾掉了，我們找到太陽都下山了還是沒找到，我以為她會生氣不耐煩，沒想到她卻一副平靜超然的樣子。

　　她平靜地說：「反正我也該換個新皮夾了。好在皮夾裡沒什麼現金，信用卡再申請就好。要是被好心人撿到，應該找得回來吧？」

　　聽完這番話，我好奇地問她為什麼如此豁達。

「如果哭或生氣就能找回來，我早就這麼做了。東西掉了就一直心情不好，不是只會讓自己不開心嗎？」

我這個朋友真的很妙，她看起來無欲無求，卻很認真生活；即使努力的結果不如預期，她還是一副超然豁達的樣子，不受影響。

例如她努力準備的面試沒過，卻只是瀟灑地說：「我再準備準備，去投別家吧！」跟論及婚嫁的男友分手當天，她也是說：「看來我跟他無緣，以後我會遇到更好的吧？」沒有讓這件事困擾自己太久。

我很少看到她顯露負面情緒，就算有，也很快就被她拋到九霄雲外。

「一直糾結在負面情緒中，損失的只有自己。反正過了今天，明天又是全新的我。」

她並不是想要當聖人，也不是想討好別人，而是認真

關照自己的心，所以她總是那麼優游自在，幾乎不曾鬱鬱寡歡。只要遇到不開心的事，她就會把它放在過去，永遠只探討未來。

人生雖然有失有得，但是失去的失落感往往大於獲得時的成就感，就連身外之物也是如此。如果你一直執著於失去後的痛苦和空虛，會連新的機會來臨時，也與之擦肩而過。

有道是「世界上沒有永恆，也沒有東西會永遠停留」，就算你沒有失去東西本身，只要心不在了，它就是被遺忘了、被送走了，因此是否失去是取決於人心的執著。

「為了明天的我著想，痛苦就讓它留在今天。如果把今天的壞心情帶到明天，後天也會持續不開心，這樣我就永遠無法前進了。」

或許有些人會說我朋友把生活看得太簡單了，但看她一步步達成夢想，我從她身上學到很多。她比我更像個大人，我學習她的生活態度，試著放掉對小事的執著，我發現生活

中的痛苦跟憂鬱變少了，對未來的想望變多了。

　　多虧有比我更智慧、更成熟的朋友，改變了我的人生和
未來。

人生真的有
正確答案嗎？

　　國小時，我常常跟朋友在附近山坡的階梯玩耍，我們玩剪刀、石頭、布，贏的人可以往上爬一階。就算我猜輸落後大家，朋友們還是會在山上耐心等我上來。

　　有時候我學兔子空一階跳，也曾經空兩階跳躍，結果一不小心摔倒撞傷了膝蓋，但我怎麼玩都玩不膩。寒暑假時，我突然抽高，空兩階跳也難不倒我了。

　　我爬完階梯，終於看到山頂的風景。眺望山下玲瓏可愛的房屋和樹木，彷彿自己站在世界的最高處，我的內心充滿

了喜悅，剛剛爬梯的辛苦都不算什麼了。景物看似不變，卻時時刻刻在變，不論是空氣、雲朵，還是風。

我覺得人生就像爬樓梯，攀爬的過程是辛苦的，背上還背負著過去的失敗、孤獨及自責的包袱，讓每一步都更加沉重難行。

然而，偶爾也該停下來看看腳下，回頭看昨天的一步、今天的一步，看自己已經走了多遠，當你發現自己每天持續一步步往上爬，一定會有一股莫名的感動。

如果你只管往上爬，一直抬頭看前方的漫漫長路，計算著還有多少階要爬，你就會脖子痠、失去動力。然而，如果你停下來看看中途的風景、喘個氣、待體力恢復，說不定明天就能一次踩個兩三階呢！

萬一你像我一樣，不小心摔跤也沒關係，再爬起來慢慢往上爬就好。別忘了，你的身邊或山上，一定有溫暖的夥伴在耐心地等著你，你隨時都能振作起來，繼續前進。

想要知道人生該怎麼過，不一定要在未來尋找解答，有時候過去的經驗或當下此刻，就能找到答案。

還有好多階要爬

不知道摔了多少次
我沒有信心繼續前進了

嗚嗚

好久好久以前，在你還很小的時候，
光是爬到這裡就很幸福了

我很高興現在的你，能爬到那麼高

人生必未只有二選一

人生的道路上總是有許多待解的課題，小至選擇下一餐要吃什麼，大至學業、職業、夢想、戀愛、婚姻。

有些人做什麼事都猶豫不決，有些人則是對特定的事才難以做決定。這個世界充斥太多資訊，而且獲得資訊的方式比以前更容易，因此選項也變得更多、更複雜，要在眾多選擇之中擇一真的很困難。

要上研究所繼續深造嗎？還是直接就業呢？
要離職嗎？還是繼續上班呢？

要繼續交往嗎？還是要分手呢？

遇到只能二擇一，注定得放棄另一個選項的問題時，特別難做決定，因為你不知道哪個是更好的選擇，深怕千挑萬選還是不小心挑到了不好的，你會失敗並且後悔莫及，你會變得自責，把錯都怪在自己身上，畢竟做決定的人不是別人，是自己。

這個世界上沒有正確答案，沒有任何方法絕對正確，周遭的建議和資訊當參考就好，你的人生選擇權終究是掌握在自己手上。

你要相信自己的選擇。你對過去的失誤後悔嗎？別忘了，最了解你的人是自己，當時的決定，是你順從內心想法所做出的最好決定。

沒有人每次都拿滿分，答錯了就把錯的地方抄寫下來提醒自己。人生也是一樣，失敗的經驗會成為誤答紀錄，下一次就可以盡量避免做出令自己後悔的決定。你要對自己的決

定充滿信心，而且不論結果如何，都不要後悔。

你不是只有「行」、「不行」兩個選項而已，永遠記得你還有「再來一次」的機會。

「選擇」不是找出正確答案，而是努力往「最好目標」前進的過程。

你不是沒專長，
只是還沒發現亮點

「我有什麼專長？」

「為什麼只有我做不到？」

你是否曾經覺得自己沒有專長，別人都很厲害，自己卻一無是處？你相信一萬個小時法則，以為專心投入大量時間，在某個領域上就能有所成就，但試了後卻發現不見得如此。就算你投入再多時間跟精力，成績也不一定有起色，於是你開始羨慕起那些有天賦的人，內心深處很不是滋味。

其實每個人都有天賦，只差在有無被找到而已。你只是

還沒找到自己的天賦，有些人在孩童時期就找到了，有些人到了老年才找到。

或許你覺得「天賦」是一個遙不可及的東西。我們雖然是大人了，但世界上還有很多未知的事情，來日方長，每天、每一刻你都會遇到新的事、接觸到新的資訊，像寶藏一樣的天賦與潛能，一定藏在某個你還沒發現的地方。

你必須親自體驗，才知道自己擅長什麼、潛藏哪些能力。失敗也沒關係，現在還不算遲，時間還夠，總有一天你會找到答案。

尋寶首先要擁有一張藏寶圖。我小時候的夢想是當漫畫家，我花了好幾年畫畫，但還是畫不好，所以我就把畫畫當興趣，簡單勾勒幾筆就上傳到社群網站上。起初我很緊張，怕別人會批評我畫得不好，沒想到卻意外收到網友的稱讚和共鳴。

我才恍然大悟，原來我真正想要的不是畫得多漂亮，而

是即使我畫得歪七扭八，還是有人欣賞我的畫、受到我的文字鼓舞。原來我以前因為各種擔心而畫地自限，連試都不敢試，早知如此就不要想太多，先試再說。

我找到了自己的藏寶圖，原來我真正想要做的，是和帶有相同創傷經歷的人交流。起初只是從簡單的插畫邁出第一步，後來又出現了一條寫作的新道路。

我到現在還不確定自己有什麼天賦，不知道藏在體內的寶藏是什麼，只知道看著手上的藏寶圖持續地走，期待能在路上發現什麼。

我們不是沒有專長，只是還沒被發現而已。

每個人都是
獨一無二的

　　即使是我喜歡又擅長的領域，我也從來沒有得過第一名，頂多獲得第二名。第二名明明也很厲害，但我卻一點也不開心，因為對我來說只有得第一才有意義。以前的我只要贏過別人一點點就欣喜若狂，比別人稍微差就對自己失望透頂，心情常常隨著小事上下起伏。

　　我總是困惑自己為什麼都拿不了第一？令我最洩氣的是，畫畫跟寫作算是我比較擅長的領域，也是我好不容易鼓起勇氣追求的唯一夢想，但我卻沒辦法做到完美。

我參加過一個大型的徵文比賽，連續好幾個月每天寫作，我以為就算沒有前三名，至少還能抱個小獎回家，但我在決賽時被刷下來，也沒能進入補選得獎名單中。我很沮喪，這件事成為心中的陰影，反正我不是寫作的料，乾脆就放棄好了。心裡是這麼想，但最終還是無法放棄。

　　有一天，我在寫作討論區看到一篇文章問道：「寫了五年還是沒什麼起色，是不是該放棄了？」

　　網路上素昧平生，大家卻非常熱情，紛紛在下方留下真誠又溫暖的鼓勵和建議，其中有一句令我印象深刻。

　　「有一位作家沒沒無名了十年才成功，每個人都有機會，只是這一天來得快或遲而已。」

　　這則留言還附上一張插圖，畫的是一個人在挖到鑽石的前一刻卻放棄了。雖然這句話不是寫給我，卻讓我有很多感觸，進而陷入思考。

「我是不是太自滿了呢？」

我決定重新來過，重新設立目標，並且更努力學習，把不足的地方補起來。後來我再回頭看之前徵文比賽投稿的文章，很快就理解當初落選的原因，接受了事實。那件事再也不是我心中的創傷了，它再也不會帶來痛苦，反而成為很好的經驗，讓我知道自己比以前更進步。

「好吧，再來一次。」

有時候你的專長讓你痛苦又矛盾，是因為你雖然比別人更擅長，卻還沒闖出什麼名堂，你放棄也不是，不放棄也不是。但是換個角度想，它是藏在你體內的潛能。

我們身上帶著未經打磨的原石，只要精雕細琢，一定會比現成的寶石更加閃閃動人。

你的人生
不該一直被比較

你是否為了得到更多而動過歪腦筋呢？

小時候我不知道自己若多拿一個，可能害別人什麼都拿不到。大人總是教我們不勞而獲是不對的，貪心的人不會有好下場。

或許人類天生就不知足，即使擁有很多還想要更多。大人利用這種心理跟孩子交換條件，只要孩子考試拿到好成績、幫忙做家事，就用稱讚和零用錢當獎勵。而我們從大人身上學到了勤奮心和好勝心，相信只要努力就會有獎賞。

可是長大後，你漸漸感覺到現實跟大人教的不一樣，有些人好像沒什麼努力就能過上好日子，有些人輕輕鬆鬆就度過了難關，你感嘆這世界真是太不公平了。

你為了成功而拚命努力，但有些人靠著家裡有錢、人脈廣、運氣好，一下子就出頭天，讓你心灰意冷又自卑。你有一種「別人有，我沒有」的相對剝奪感，你失去了自信心和自我價值感，認為自己的努力一文不值。

我以前也常常為此感到自卑。

「那個人為什麼畫得這麼好？一定是天生的，跟他相比，我一點畫畫的天分都沒有。」

「他的文章寫得真好，我寫得好差。」

看到別人有好成就，我沒有把它轉化成刺激自己更努力向上的動力，反而用它來打擊自信心。我發現這種心態對人生一點幫助都沒有，反而讓我變得愈來愈自卑。

「想變得更好」的心態推動我們前進，讓人有目標；「自卑」的心態卻會使我們羨慕他人，一直拿自己跟別人比較，變得愈來愈不快樂。

　　「為什麼就只有我不行？」

　　「想要變更好」本身沒有錯，但不該不斷與他人比較，或被利慾薰心，產生害人之心。不要只羨慕別人擁有的背景，也不要只看到表面的成功，卻無視其背後付出的心血。

　　只有當事人最清楚為了達成目標，其所花費的努力。輕鬆登頂的人不熟悉上山的路怎麼走，所以當他走下坡時就不知道如何東山再起，必須重新探索上山的路，不論是路上的風景還是難關，對他而言都是新體驗。平步青雲的人，雖然比從低處一步步往上爬的人還快，但面對逆境時比較難重新振作，因為他對障礙、衝突、失敗、挫折沒有免疫力。

　　成功若來得太容易，去得也容易；下過苦功獲得成就的人，則不會輕易被打倒，因為他已磨練出堅強的意志。

那些努力不懈、愈挫愈勇、持續挑戰而獲得成功的人，因為懂得成功的方法，所以不畏懼失敗，即使失敗，再站起來就好了。

　　有道是「想怎麼收穫，先怎麼栽」，你的不足不該被當作一粒自卑的種子，而是一粒潛藏可能性的種子。

別用人生的一部分，
斷定自己的未來

我小時候恨不得快快長大，天真地以為長大就會變得更優秀、幸福又快樂。

人們總是說孩子的未來充滿無限美好，但當孩子的未來成了現在式，卻可能令人大失所望。你原本以為會實現夢想，過著有頭有臉的生活，殊不知卻做著跟夢想毫無相關的工作。也可能夢想成真了，卻沒有當初想像的那麼快樂。

大人的未來不像孩子的未來般光輝燦爛、令人期待，有些路是別人替你決定的，有些事你已經歷過了，它們往往限

制了你的可能性與行動力。因為以前累積了太多痛苦、自卑及失去的負面經驗，你不想再經歷一次，於是蜷縮起身子。

從小到大，你一定曾對自己和這個世界失望過，曾經哀嘆自己變成了一個沒有夢想的人。你只想逃避，不願面對理想與現實的差距。

但是，我們不該像井底之蛙，以為井口的天空就是世界的全部，別用人生的一部分來斷定自己的未來。

當你被不公不義、不平等的現實絆倒時，能扶持你再站起來的，往往是一些小小的希望。要相信還有明天，明天意味著新的機會和希望。你正走在通往未來的路上，夢想的未來等著你去實現。

「雖然今天不順遂，但明天一定是美好的一天。」
「等著瞧吧！讓你們見識我的厲害！」

不斷地對自己說一些自信爆棚的話，為自己添加希望和

勇氣，並且期待著更美好的未來吧！

　　過多的恐懼和擔憂，讓你只敢瞇著眼睛看世界，從現在起睜大雙眼，你會看到一片完全不同的景色，再仔細尋找，你會發現生命中處處都是如寶石般光輝燦爛的時刻。

　　別忘了，我們仍是對未來充滿期待與夢想的孩子。

明天早上交～

好累啊

小時候以為長大後會很厲害

這只是成長必經的過程而已

活得幸福快樂，
未嘗不是一種成功

某天跟朋友聊到以前的同學。

「聽說她出運了，買了知名豪宅大樓。」
「她哪來這麼多錢？」
「我也不清楚。」

　　我沒去想那個同學有什麼專長、過去付出了多少努力，腦中只浮現坐名車、穿金戴銀的貴婦形象，我猜我朋友也是相同的反應。

人們看到有錢人，第一個好奇他的錢從哪裡賺來的，通常猜測是靠股票或虛擬貨幣等手段致富，卻不去想他做過多少努力、經歷過多少苦難，寧願用酸葡萄心理相信一切都是靠運氣，如此一來就可以貶低成功的價值。

原來，她是靠著獨創性的點子而創業成功，我才想起她以前的專長，她在學校從事自己的興趣時，看起來非常享受其中。

我們一直談「成功」，卻可能從沒思考過何謂「成功」。小時候我以為夢想成真、賺大錢、受人愛戴、過上富貴的日子就很幸福，也是所謂的「成功」。然而，我從不過問自己為什麼要變有錢、為什麼要努力不落人後，只是不明就裡地一味追求如海市蜃樓般的「成功」。

從現在起，好好想一想成功的定義吧！如果把成功定義在一個容易變動的事物上，例如金錢，你的心也會隨之起伏，一下就被擊潰。即使再富有，由於人對金錢的欲望無窮無盡，你很快就會變得不滿足，總是處於空虛匱乏的狀態。

想想什麼事情讓你最幸福、最有成就感？當你認為它有價值，並且享受其中，我相信你的每一天都會充實無比，就像一個沉浸在當下的孩子般，試著去享受當下，「成功」自然會到來。

　　何謂成功？做什麼都好，只要能令你幸福快樂就好。

接受未知，
有時反而是驚喜

讀高中時，有一次朋友來我家玩，我們一起吃晚餐、看電視。

我想看《魔法少女》的卡通，但朋友想看另一部，那部卡通既沒有魔法，也沒有身穿漂亮洋裝的公主，我本來不想看，最後還是讓她了。

殊不知，那部卡通成為我人生目前為止最喜歡的作品之一，對我的人生、夢想，甚至是此時此刻都帶來了巨大的影響，是我始料未及的。

不論是電影、電視劇、文章、圖畫，我們通常只看自己喜歡的類型，但你是否有過無意間接觸了從前不感興趣的作品，之後卻愛上它，喜歡上相關的主題和類型呢？不經意接觸到陌生事物時，一開始難免抗拒，但你的興趣會變得愈來愈廣，選擇的範圍也愈來愈大。

有時候即使你不感興趣，還是要多嘗試，畢竟世界這麼大，沒接觸過的事物數也數不清，更可能因此發掘出自己的專長。

你會發現視野不但變廣了，還多了許多新選擇。

Part 3

曾經以為只要有愛，
什麼都不是問題

再也不當戀愛傻瓜

大家都有戀愛理想型嗎？

小時候會特別重視對方的長相、穿著等外在條件，但是經過幾次戀愛後，看人的標準往往會變。

我二十出頭的時候也是標準的外貌協會，我的理想對象條件幾乎都著重在外表，例如個子高、小臉、鼻梁挺、笑容迷人等等。

我的初戀對象是個超級大帥哥，我想像我們會發生電視

劇、小說、電影或漫畫裡的情節，完全沉醉在幻想之中。

然而實際上他是個自大又傲慢的人，而且根本不把我放在心上。每天晚上我都聯絡不到他，因為是第一次談戀愛，我也沒想太多，即使別人說他男女關係複雜，我也選擇不相信，還自我催眠「不管他以前對別人怎麼樣，我相信他對我是認真的」。

後來我終於知道他的真面目，簡直晴天霹靂，內心充滿了不甘心和自責，好一陣子痛苦到難以入眠。我氣自己怎麼那麼傻。

經過那次的打擊，我調整了戀愛對象的條件。

「不可以長得太帥。」
「不能跟異性搞曖昧。」
「要對我好。」

後來我交了一個跟初戀男友完全相反的類型，他的長相

說不上帥，身高也不高，但是對我特別好，也不跟其他女生搞曖昧。

剛交往時他對我百般呵護，但過了一陣子之後卻愈來愈冷淡，也開始對別的女生感興趣。漸漸地，我常常有種被看輕的感覺。

「我覺得妳該去做隆鼻手術。」
「妳的工作收入不穩定，別人做這行會賺錢，是因為他們本來就有名。」

當初他對我句句都是讚美，簡直把我捧上了天，現在卻動不動指責我的缺點、貶低我的自尊心。某天，我無意間看到他跟朋友的訊息，差點暈了過去。

「我想換一個比現在更好的對象。你幫我安排一下，我想跟你的模特兒朋友喝一杯。」

我的朋友們看他這般瞧不起我、不在乎我的感受，紛紛

勸我當機立斷甩了他，說我明明是個好女孩，不值得跟這種人在一起。我當下沒聽朋友的勸，選擇繼續容忍，最後終於忍無可忍提出分手，而他也馬上答應，彷彿期待已久。

過了幾個月他想復合，但我斬釘截鐵地拒絕了。

現在回想起來，我覺得他是一個自卑的人，他不滿意自己的身高和長相、討厭自己，也因此總是利用貶低我來拉抬自己，喜歡認識漂亮的女生來突顯自我能力。因為他不愛自己，所以也無法好好地愛別人、無法建立良好健全的關係。

在付了高額的學費之後，我才明白戀愛是怎麼一回事。戀愛是兩個人一起變得幸福，如果在關係中我不幸福，何必談戀愛呢？再者，為了避開某一類型的對象而跟一個完全相反的類型在一起，仍有很高的機率再次受傷，因為選擇對象的標準應該是「跟這個人在一起我會幸福嗎？」而不是「至少這個人沒有某人的缺點」。

現在我的理想對象條件是「跟他在一起，我仍然能自在

地做自己」。因為能安然做自己，且對方也能無條件接受原本的我時，才是最幸福的。

現在，你的理想型是什麼樣的人呢？

從前只要下雨，我的心情就不好，
現在一點也不會了！

因為愛，讓彼此更完整

　　你是否渴望過有個人能全然地愛你，不論你有多平凡、多平庸？我們這一生一定有機會遇到這樣的人，這個人可能是你的朋友、家人、另一半、同事等等。

　　曾經有一個人在我最灰心喪志的時候喜歡著我。當時我很沒自信，開口閉口都在數落自己的缺點，這個時候他會對我說：「我覺得妳這一點其實很好啊。」

　　他總是能看到我自己都沒發現的特色與優點，經常稱讚我。人無完人，每個人都有缺點，所以我們會被互補的人吸

引，像在尋找自己身上缺少的那片拼圖。

對方不會的，我來做；我不擅長的，對方來做，在互助的過程中感受到某種喜悅和幸福。對我來說輕而易舉的事情，卻有人覺得很了不起，對我讚不絕口；當別人輕輕鬆鬆就做到我認為很困難的事情時，我也覺得對方很厲害。我們被彼此的差異吸引，彌補互相的不足之處。

或許，我們都太習慣先看到不好的一面了。

我們不該為自己的缺點失去自信，也不該一看到他人的缺點就妄下斷語、迴避對方。因為只要仔細觀察，一定會看到更多優點。

就算對方在某方面做得比你差，但可能在其他方面比你優秀，說不定他還會幫你把缺點轉化成優點呢！人與人的相處，就是如此相輔相成。

然而，不管再怎麼努力，仍無法接受對方的某些部分

時，不是去配合他，而是要想辦法做出改變，如果努力過了還是沒辦法改變，那就選擇離開吧！千萬不要單方面或無條件的接納及犧牲。

在不平衡的關係中，當配合的一方不願再堅持時，這段關係通常就結束了。

世界上沒有完美的人，所以我們需要和他人互動，藉由他人來補足自己的不足之處。在對方的拼圖中擺上自己的那一片，共同完成一幅更大、更美，名為「我們」的畫。

所謂的愛，不就是讓彼此變得更完整、更強大嗎？

相信自己的選擇，
合得來最重要

　　小時候沒什麼嚴格交友條件，只要覺得對方還不錯，我就會主動跟對方交朋友。

　　她頭髮綁得真漂亮。
　　他很會踢足球。
　　他請我吃糖果。
　　他跟我同一組。

　　一些不足為奇的事也能讓我很快打開心房，跟對方拉近距離。

但是長大後，因為曾經太快敞開心房而受傷，再加上親身經歷或間接聽聞過的經驗，我開始設立一套自己的標準，用嚴格的條件挑選談心的對象。

我選擇戀愛對象的條件更嚴格，財力、能力、長相、勤奮與否……很多因素都納入考量。好男人或好女人沒有一個共通的標準，但我相信每個人都有自己心中的一套準則。

不過，真的很難找到百分之百符合標準的對象，通常是某方面很符合，某方面卻不符合期待。

也有時候你會莫名其妙被完全不符合條件的人吸引，明明對方沒什麼特別之處，也不算是你心目中的理想型，但你們卻出奇地談得來，在一起就莫名開心。

其實沒有所謂好對象的標準，自己選的就是好對象。當你遇到一個走進你心裡、不管發生什麼事都會在身邊支持你、牽著你的手與你並肩而行的人，你心目中的理想對象也會漸漸變成他的模樣，不是嗎？

別讓愛情消失在焦慮裡

　　戀愛必須建立在「對方值得信賴」的安全感之上，如果你無法信任對方，無論再怎麼有好感，還是很難再進一步。

　　以前我選對象的標準著重在長相、談吐、穿著等外在條件，長大之後則愈來愈重視內在。在還沒弄清楚對方的為人之前就交往，很容易沒安全感，畢竟要為一個不信任的對象賭上自己的全部，風險實在太大了。

　　「信任」在戀愛關係中至關重要，男女朋友吵架的原因千奇百怪，但不外乎信任問題。要是對方做出破壞誠信的

事，分手是正確的；但有時候適得其反過分強調信任，變得時時起疑，最終反而走上分手一途。

「你要先證明自己的誠信，讓我安心才行。」

你是否因為一些風吹草動就惴惴不安、戰戰兢兢，即使對方根本沒做什麼令人懷疑的事？你是否為了證明兩人之間的信任感，總是在找一些可疑的蛛絲馬跡？

你會這樣，是因為內心不平靜、對自己的選擇沒有信心。並非你不好，而是人之常情。

然而無止境地擔憂、懷疑，就像是一道咒語，每天默念著「可怕的悲劇一定會發生」。俗話說「一語成讖」，潛意識的想法，正在讓兩人的關係往不幸的方向發展。

你的焦慮來自於太愛對方、不想和他分開，但要是這份焦慮最後招致分手，不是太得不償失了嗎？兩人在一起的每一刻都很珍貴，何必為了還沒發生的事情煩惱呢？這樣只是

在折磨彼此，讓兩個人都心力交瘁罷了。

比起對方的立場、兩人的關係，你是否過度以自己的感受為重了呢？那麼請先暫停，回想從前美好的回憶，想想對方好的一面，然後再看看陷入焦慮情緒中的自己。

拍拍肩膀，安慰自己吧！

偶爾，別忘了留點時間擁抱自己。

愛要即時，大聲說愛吧！

　　小孩子的情感表達非常豐富，也常把「我愛你」掛在嘴邊。我們小時候也一定常常向親近的人撒嬌，藉由愛的雙向互動，我們學會了如何與他人分享愛，以及如何表達愛。

　　然而不知道為什麼，年紀愈大反而愈不好意思向親近的人表達愛，明明小時候像口頭禪一樣天天對父母說「我愛你」，怎麼長大了卻只有在特別的節日才說得出口呢？

　　戀人之間也是，熱戀期的時候一天到晚說「我愛你」，也經常用身體接觸來表達愛；但是相處久了，變成老夫老妻

了，愛的表現也愈來愈少了。

明明交往得愈久應該愛得愈深，隨著共同度過的時間和回憶變多，對方的重要性也愈來愈不可取代，但為什麼我們對愈親近的人，卻愈是愛在心裡口難開呢？

我們不該因為習以為常，就以為這件事會持續到永遠。

如果你認為就算不把「我愛你」說出口，就算不夠貼心、不為紀念日特別準備，對方也不會離開，那麼你的心思會愈來愈遲鈍，天真地以為不說出口對方也會明白你的愛，卻察覺不出對方一次又一次的失望。

沒人住的屋子很快會生灰塵，東西不保養沒多久就會損壞，人心也是一樣的道理。當人去樓空時，你才發現對方被冷落許久的心，早已蒙上厚厚一層灰，這時後悔也早已來不及了。

別到事後才後悔當初來不及表達心意，別認為對方在你

落魄潦倒時的默默守候，是理所當然，現在開始大聲表達自己的感謝和愛意吧！

不論是人還是關係，皆無法永恆不變，因此更要珍惜。

我愛你

為了被愛，大人也會哭鬧

每個人都渴望被愛。

在我們還是小嬰兒的時候，就開始會擔心不被人愛，所以使出渾身解數要獲得大人的愛和關注，用哭鬧來表達需求，傷心也哭、不舒服也哭，吵著要人陪、要人愛。

這樣大哭大鬧後，通常都能見效，大人會安慰你、陪你玩，要什麼有什麼。

長大之後，我們愈來愈少用哭鬧、發飆來獲得想要的東

西，因為我們學會了更合理、有效、成熟的表達方式。要是一個人不如意就大哭大鬧，人們通常會說：「都這麼大了，還這樣？」或是「怎麼像個小孩子一樣哭鬧？」

然而，就算我們長大成人，還是有很多時刻會放聲大哭、不顧一切的耍賴。就算是大人，還是有很多不知該如何面對的事情，還是會想要被愛、需要陪伴。

一個人對你生氣、對你哭，其實是在告訴你，他需要被愛，需要你的關心。

我們雖然已經是大人了，但內心還住著一個孩子，因此當你面對哭得像個孩子般的大人時，何不試著用你的內在小孩身分去面對他呢？

「是什麼事情讓你這麼傷心呢？其實我也很傷心，我們來好好聊聊吧！」

「我們就別吵架了，好好相處。」

過程中你們可能會像兩個不懂事的孩子般，互相鬥嘴或是哭哭啼啼責怪對方，不知不覺愈吵愈烈，但如果能因此卸下成熟大人的包袱，像個孩子般真誠表達內心的想法，並且互相理解，這也未嘗不是件好事。

好像只有我在愛你！

沒錯啊，我只愛你一個人

我好像一個幼稚的小孩喔！

跟不對等的愛情說再見

戀愛關係中，比較沒那麼愛又擁有主導權的人，通常能掌控這段關係的生死，就算分手也不覺得特別可惜，所以這樣的關係往往也維持不久。

你覺得對方就是你人生的全部，沒他不行，但你在他心中的分量卻沒那麼重要，對他來說有沒有你都無所謂，分不分手取決於你願不願意放手。就是因為無所謂，所以他會我行我素，從未認真看待這段感情。到頭來，只有比較愛的一方會受傷。

這樣的兩人逐漸演變成了上下關係，出現了優勢的甲方和劣勢的乙方*。

乙方為了扭轉回平等的關係，為了讓自己的付出換成對等的愛，只好更努力討好，甚至受不了而發脾氣，但只要甲方一句「算了，我們分手」，乙方過去的努力就化為烏有。

你處處為對方著想、把對方放在第一位，可是他並不是。他覺得自己最重要，他踐踏你的自我價值感，並用來提升自己的價值感和優越感。

既然對方一點都不愛你，你又何苦抓著他不放？

他的愛就像施捨，只願在你身上放一點點心思，用一貫曖昧不明的態度折磨你，讓你為一個渺茫的希望努力。

---

* 譯注：韓國會以契約的甲乙方來比喻上下位者或優劣勢之別，擁有主導權的一方為甲方，只能被動接受的一方為乙方。

然而，這段關係隨時都可能立場對調，時間點就在你對他的愛已淡到消失、筋疲力竭決定放手的時候。

　　他以為你提分手只是在做無謂的反抗，甚至還對此嗤之以鼻，心想：「哼，就憑你？沒有用啦！過沒幾天又會回來找我了。」

　　得意的他絕對不會挽回或主動聯繫你，因為他自認比你優越。當他當慣了甲方，而你又剛好再回來找他、求他時，你們之間的上下關係就更難改變了。

　　要是你一週、一個月、兩個月都無消無息，甲方的他會開始覺得不對勁。

　　事實上，這段關係對你來說已經是過去式了，對他卻不是，因為他以為你的分手只是在抵抗，他深信你離不開他，有朝一日還會再回來。他甚至還大大方方地另結新歡。

　　當你死了心，決定不再回頭，他反而回來找你了，向你

懺悔他有多後悔失去一個真正愛他的人。

對他而言，真正的分手是從這一刻才開始，他現在才體會到你當初經歷過的痛苦、煎熬和寂寞。你可能心軟又接受了他，但我認為，此時最好維持分手期間冷淡、不在乎、無眷戀的態度，別再變回劣勢的乙方。

這麼一來，換你成了強勢的甲方，像他當初一樣我行我素、傷害他、踐踏他的自我價值，還讓他死纏著你不放。

但是，這種不對等的關係隨時都可能角色互換。談戀愛談得像在爭權，真的會開心嗎？

你有必要做那麼多犧牲和付出，費盡心思壓抑自己的感受，去討好一個看不起你的自大狂嗎？

真正的對的人，難道不是你毫無掩飾地做自己、放心大膽表達愛意，也不會看不起你的人嗎？

良好的戀愛關係應該是平等的，不論誰付出得多還是少，都不會看不起對方，或是把他人的體貼視為理所當然。

　　我們不就是透過交往與分手的過程，慢慢尋找真正的愛情嗎？

哼，沒多久一定又回來找我

真奇怪，怎麼沒聯絡？

對不起，是我錯了

愛情像跳雙人舞，
步調要一致

　　我曾經很喜歡一個人，對他的好感日漸濃烈，當我們正式交往時，我的喜歡已經變成愛的程度了。然而他是被告白後才開始對我產生好感，交往後也還在慢慢認識我的階段。

　　我們兩人的感情起跑點和步調都不同，但當時我並沒有意識到這一點，總是心急如焚地逼問他：「我對你的感情已經投入這麼多了，你怎麼還在後面慢吞吞？」

　　我既委屈又生氣。他很努力要跟上我，但久而久之，他也受不了我的緊迫盯人。

「我對妳的愛沒辦法像妳愛我這麼深，抱歉。」

他說這種單方面的愛令他感到壓力和罪惡感，所以決定分手。沒想到最後先抵達終點說分手的人會是他，我反而變成了以前的他，遠遠被甩在後方，只能一個人慢慢地走向預料之外的終點。

我終於明白，原來他想要的是慢慢培養感情，和我並肩徐徐前進。

有句非洲諺語曾說：「如果你想走得快，就獨自行動；如果你想走得遠，就結伴而行。如果你想走得快，就直直前進；如果你想走得遠，就蜿蜒繞行。如果你想成為一棵孤樹，就獨立一隅；如果你想成為一片森林，就匯聚成群。」

在感情中與另一半心靈交流、溝通愛意、逐漸培養彼此的信任和感情，是非常重要的，但是我們偶爾會像孩子一樣心急，想快點得到對方的心。

當一下子陷得太深、愛得太熱烈，但是對方卻還沒跟上你的步調時，急躁不安的情緒就出現了。有時候慢的人可能是你，因為忙碌而無法接受對方的愛，因為低潮，沒有多餘的心思想別的事，或者任何讓你身不由己的理由。

有時候是對方在前方默默地等你，但是最後他累了，不願再等了，他離開後你才悔不當初。

每個人敞開心門的時間都不同，兩個人投入感情的程度、速度也不同，一味地催促或等待，就像逼一個已經氣喘如牛的人再跑快一點，或是無止境地等待著一個不會來的人，到最後兩個人都會心累。對方慢，我們應該多一點耐心等候；我們慢，就適時地加快腳步，別讓對方苦苦等待。

感情有所謂的時機，而時間是可以彼此配合的，就像平時我們約朋友見面一樣。

「慢慢來，我等你。」
「等我一下，我馬上就到。」

沒自信，才會不安

「你為什麼喜歡我？」有時候你會好奇，對方究竟喜歡你哪一點？因為你感到不安，不懂為什麼如此優秀的人會看上自己。

愛很難用一句話回答清楚，為了確認對方的愛，你像個好奇寶寶，不管對方回什麼，還是繼續追根究柢地詢問。

或許是因為我們想要透過所愛的人，來確認自己的優點和價值吧？畢竟人一輩子都渴望被認同，終其一生都在質問自己存在的價值。

你曾經因為對方的態度、表情、聯繫頻率改變，而患得患失嗎？你曾經試圖從一些雞毛蒜皮的小事，找出對方不愛你的蛛絲馬跡，因此暗自傷心？因為無法確認對方是否還愛自己，你焦慮不已，一個衝動提了分手並說出「你不愛我了」等負面言語，為此人吵一架嗎？

　　走向分手的最快捷徑，就是先入為主認定對方不可能愛你。凡事往負面想很容易，從小地方發現幸福卻很難。

　　愛情裡信任很重要，如果對方很努力給你安全感，可是你卻不顧他的努力，依然沉浸在不安的情緒裡，不斷要求對方證明對你的愛，這段關係就很難繼續走下去。

　　此外，有時候對方明明自私自利、不給你安全感，還把你的付出當作理所當然，但只要他稍微對你好一點，你就認定他還愛著你，以為這段關係還有希望。

　　如果一個人十次有九次都對你無微不至，唯一一次疏忽你便傷心欲絕；或者九次都令你傷心，難得一次對你好，你

便開心不已，那麼你無論遇到誰都會愛得很辛苦，愛到遍體鱗傷。

你的不安來自於對自己所做的選擇沒自信，不相信自己，反而去依賴對方的想法和選擇，但這些其實是你無法掌握的。最重要的是，你必須先相信自己做的決定，決定了就不後悔。

親愛的，
別把錯都攬在自己身上

「每次談戀愛 我都是弱勢的一方，不被尊重。」

你覺得總是遇到不體貼又不懂得尊重你的對象嗎？交往時你可能不這麼覺得，而是沉浸在對方一開始的美好形象中，不斷錯誤解讀、合理化他的行徑，不知不覺你的世界只圍繞著他轉。

我相信你一定常聽到或看到，大多數人都強調「人要自重自愛」。

一個人如果缺乏自信或自我價值感低落，戀愛通常不會幸福。不夠堅定自信的人，容易被欺負利用。

　　但是說老實話，有問題的應該是那個不尊重你、傷害你的人，怎麼反過來檢討被傷害者的心理素質呢？

　　說不定你就這樣認同了別人的說法，自責地認為「果然都是我的錯」或「是我自己允許對方不尊重我」，認定自己是個不自愛的人，開始否定自己、自怨自艾了起來。

　　我希望你不要把戀愛關係的衝突全都歸咎在自己身上，你明明盡所能的尊重、體諒對方，全心全意經營這段感情，對方卻傷害這麼努力的你，錯在他才對。一直以來我們都被教導愛是不求回報的付出，所以被傷害時，反而不知該如何應對。

　　你因為喜歡，才會包容對方的自私，才會捨不得分手。不是你太傻，你的心其實很美，像孩子般純真無瑕，只是很不巧，你遇到一個自私自利的人罷了。

一個人如果做了傷害他人的事，後悔會跟著一輩子。即使暫時不去想它，日後仍會以某種形式出現，逼你面對從前的自己。

　　後悔一輩子的人，應該是那個不知感恩、把你的好心當作理所當然的他吧！將來當你已釋懷，真正過著幸福快樂的日子時，他說不定會懷念起你的好，後悔到捶胸頓足呢！

　　因為在這個冷酷現實的世界，不可能總是如此幸運，能遇到總是寬宏大量、包容他人過錯的人。

錯不在我　　都是我的錯！是我太傻！

對不起，我以　　當初的我被傷得很重，
前太自私了　　是因為愛得太深

分手不全是你的錯

分手帶來難以言喻的痛苦、難過、失落，同時還伴隨著自責，你甚至希望明天不要來。

「誰沒分手過，沒什麼大不了。」
「時間會沖淡一切。」

這些話都對，但是失戀的人聽不進去。

你其實都懂，你知道時間會沖淡一切，也知道誰都有過分手的經驗，但是療傷期就是很難熬，而且每個人都會經歷

的事情不代表就比較不痛。分手這件事，就算道理都懂、分手經驗再多，每一次都還是那麼痛，不是嗎？

分手的情緒很複雜，因為自己做錯事導致分手，感到後悔莫及；不斷隱忍對方卻先被提分手，那是一種怒火難熄與不甘心；愛情長跑卻熬不過倦怠期，兩人過往相處的時光頓時似乎失去了意義，就像一場空。

除此之外還有很多不同的分手原因，以及隨之而來，令人痛苦傷心的複雜情緒。每個人走出失戀低潮的方式都不同，我沒辦法告訴你克服傷心的準則，但我可以分享面對分手時，該如何獲得勇氣和力量。

請記得，不論在任何狀況下，都不要失去自我，也不要把感情的失敗全歸咎在自己身上。雖然人生是由你的每一次選擇所組成，你每一次的選擇都影響著人生的走向，但是用不著因為一次的失敗就傷心欲絕，因為之後再回頭看，會發現當初令你肝腸寸斷的選擇，其實帶來了好結果。

只有懂得好好照顧自己的人，才能獲得真正的幸福。人在身體不舒服時會去看病、充分休息，你對自己的心也應該如此，好好度過分手的痛苦時期，當眼淚差不多都停止時，你一定會遇到下一個愛你的人。

經過一次次失敗，人往往能獲得寶貴的教訓。分手的當下，肯定難過到什麼話都聽不進去，但雨過天青之後你一定會有所收穫。

你會培養出識人的眼光，看得出誰不會讓自己掉淚。你會懂得體諒對方，不再只想到自己。同時，你也變得更有智慧、有自己的原則，不會被對方牽著鼻子走。你不再用野蠻的指責和爭執去處理衝突，而是用說服和溝通來解決問題。

你一定能變得更好，再稍微撐一下，我們一起加油！

別把愛和犧牲混為一談

「我愛他，所以我能體貼他。」
「他有時很討厭，但因為我愛他，就不計較了。」
「我真的無所謂，我能理解。」

你是不是常常講這樣的話呢？但這種體貼是真的體貼嗎？大多數應該是嘴上說無所謂，但心裡明明有所謂吧？是不是因為你害怕愛情破滅呢？

「因為愛，因為不想結束這段感情，所以就算難過我也忍。」這才是你真正的感受吧？

認真細數，大部分你說無所謂的時候，並不是真的無關緊要。多數人都是自我欺騙，誤以為把苦往肚裡吞、按捺心痛的感覺就是一種「體貼」。明明心裡很難受，還要假裝不在乎，不願面對自己的感受。

理解的相反是「誤解」。一開始對方做錯事時，他心裡明白是自己不對，你第一次原諒他後，他或許會心有愧疚地向你道歉：「對不起，不會有下次了。」但是，當他每一次犯同樣的錯，你都沒關係時，他就真的誤解了。

「我不能這樣對待別人，但可以這樣對他，因為他心地善良又很愛我。」

他愈來愈習慣合理化自己的行為，讓你不斷地受傷。同時，你也變成了一個受傷也無所謂的人，久而久之，連你自己都習慣扮演被傷害的角色。

所謂的體貼，應該是兩個人都替對方著想，而不是單方面強迫任何一方。當你寧願自己受傷，也不想面對分手後的

痛苦時，往往會為了逃避而犧牲自己，並且把「犧牲」合理化成「體貼」。

分手的確可怕，畢竟一直以來生活中的每分每秒都有他，如果他離開了，你的世界彷彿要毀滅。你不願承認自己沒維持好這份感情，也不願接受在愛情中失敗的事實，所以一直苦守到最後。

我希望你記得這一句：「如果一段關係中，你沒辦法向對方坦承自己的需求和底線，就不是一段健康的關係。」

趁傷口還沒擴大之前，及早好好治療它吧！

千萬不要把愛和犧牲混為一談。

總是不求回報，
久而久之將失去自我

不要太依賴他人的意見

你的戀情曾經不被看好嗎？

我曾經被親朋好友力勸分手，我自己也曾鼓吹別人分手。站在第三者角度來看，我們通常可以很理性客觀地發現他人的問題，為了不要讓所愛的人身陷泥淖，你一定會忍不住插手干涉，雞婆說幾句話。

無論周遭如何勸說，戀愛中的人常聽不進去。

「你不是說他瞧不起你嗎？怎麼可以這樣對你！」

「你說得沒錯，但除了這點，其他方面都很好。」

我發現大家勸我分手，最主要的原因是我講了對方的壞話。本來他們對我交往的對象，印象是很中立的，是我先不斷抱怨對方的不是，塑造了他在別人心中的負面印象，親朋好友捨不得我受委屈，才會反對我們在一起。

每次我感情不順遂時，就找朋友訴苦，吐完苦水還是繼續交往，所以那些願意當我垃圾桶的朋友，最後都選擇放棄，不想再插手了。

「既然你根本不聽勸，又何必來問我？照你自己的意思做就好啦！」

甚至有朋友被我氣到受不了，與我漸行漸遠。後來我漸漸不再說交往對象的壞話了，畢竟今天講得一副要分手的樣子，第二天又幸福洋溢地出現，我自己都覺得尷尬羞愧。

當然，如果你遇到的對象滿口謊言，或有暴力傾向、

財務糾紛，就應該找人商量。如果不是，只要你們之間還有愛，就不要在別人面前抱怨另一半。

　　要有足夠的判斷力去辨別這段感情的好壞，只有你才知道，要繼續走下去還是分開。當分手的時機到了，你會有所感覺。因此，不要太依賴別人的意見，多相信自己的心和判斷吧！

沒有人能任意傷害你

分手後最強烈的感受，大概是空虛和寂寞吧？先不論對方是好是壞，畢竟陪在身邊的人突然消失了，難免會感到空虛寂寞。

複雜的情緒淹沒了你，思緒怎麼理都理不清，你不想自己一個人，所以就算分手是因為對方做了很過分的事，但你還是會忍不住找他、打電話給他。

你曾後悔「早知道就忍一忍，不要分手」、「即使會受傷，至少身邊有人陪」。說也奇怪，當對方真的消失在眼

前，就算他曾經對你造成不可抹滅的傷害，你還是會不斷回想過去幸福的種種，讓自己後悔難過。

他明明有數不清的缺點，你卻偏偏只想起他僅存的幾個優點，誤以為交往比分手好，甚至怪自己太衝動。這一切只是因為分手帶來的寂寞感太強烈，讓你暫時忘了分手的痛苦。

現在雖然難過，但以後你一定會覺得「我當初怎麼會跟那種人交往」、「真慶幸跟他分手」。

人不會懷念一個對自己不好的人太久。你知道真正愛一個人會有什麼表現，其實你明白他並不愛你，只是被自己的感情蒙蔽了雙眼。

突然被強光照射時，你可能因為光線太刺眼而急著逃回習慣的黑暗之中，然而只要再多待一會兒，就會發現自己身處在明亮開闊的世界。或許這就是你現在的寫照。

你會懷念的反而是曾經對你奮不顧身、全心全意付出，但因為你給不出相同回應而分手的人。你對他充滿了感恩與虧欠，因而難以忘懷。而劈腿、口出惡言、具有暴力傾向等踰越雷池的人，時間愈久你愈恨不得把他從記憶中抹除，後悔浪費時間在他身上。

　　我相信你一定經過深思熟慮才決定分手，因為你的心已經再也承受不住了。

　　你已經做出最好的選擇，所以一定要挺住，不要因一時的寂寞而忘記當初的痛苦，又再次跟傷害你、貶低你的人糾纏不清。

　　你需要勇氣及決心，來斬斷一段受傷痛苦的關係。每個人都有存在的價值，沒有人有權利傷害你。

無心的氣話，
卻傷害了彼此

　　我曾經跟男友因為一件小事吵得面紅耳赤，憤怒之下，我說出了很過分的氣話。我並不是認真想分手，但那瞬間我一心只想以牙還牙，讓他也嘗嘗受傷的滋味。

　　結果，沒想到我的一句氣話，居然讓他提出分手。

　　即使我解釋那句氣話不是認真的，也跟他道歉並和好，但我們的關係卻再也回不去從前，最後還是走上了分手一途。

　　我好幾次分手都是因為壓抑不住怒氣，而說出不留情面

的氣話。當對方聽了我盛怒之下，不顧前後的氣話而受傷、屈居下風時，那瞬間彷彿我贏了，但在我消氣之後通常後悔莫及。

有些事就算道歉也回不去從前了。從此之後，我決定即使再怎麼生氣，說話前一定要三思。

長大之後，需要跟不同的人打交道，就愈能深刻體會「言語」的傷害威力。

當你對一個人生氣，氣話即將脫口而出之前，請深呼吸幾次，想一想你現在想講的這些話，會對兩人的關係帶來什麼影響？這真的是你期望得到的結果嗎？

我討厭你！我們分手吧！

我不是真的想分手……

Part 4

雖然不容易，
仍想成為更好的大人

你有多久沒抬頭看天空了？

　　某天下班回家正在看電視時，朋友傳了一張她拍攝的夕陽照片給我，天空被切割成橘色與天藍色，還泛著美麗的紫色光芒。

　　「妳看到今天的夕陽了嗎？好美喔！」

　　我轉頭望向窗外，世界已被一片漆黑籠罩。原來我結束了疲憊的一天，拖著沉重的步伐，只顧著低頭趕路，早已錯過了美麗的晚霞。其實只要稍微留意，每天都能看到晚霞，有些人總是不經意地錯過，有些人則是把它當作變化無窮的

風景，因而感到幸福。

我的朋友很懂自得其樂，也喜歡把幸福分享給周遭的人。她看到小狗形狀的雲朵或心形的樹葉，就開心得不得了，天空出現彩虹時也會欣喜若狂。她會蒐集各式各樣的樹葉，並夾在書裡當書籤，還會拍照分享到社群網站上，是個總是不斷尋找小確幸的人。

有光的地方必定有陰影，再怎麼開朗的人，內心肯定也有陰暗的一處。

有時明明是早晨，你的內心卻像是漆黑深夜；當你內心烏雲密布時，即使看著晴朗無雲的天空，也不會有一絲絲喜悅和驚奇。相反地，有時候就算下了一整天的雨，你也會覺得潮濕道路散發的雨水味、打落在玻璃窗上的水珠、被雨水籠罩的城市風景等，彷若人間仙境。

想法跟心情都是主觀的，事物的樣貌端看你以什麼樣的心境看待。

心情不好的日子，不妨暫停一下，拋下大人的眼光，用孩子的視角看看四周原本習以為常的一切，找出日常的小確幸吧！

　　例如，天空飄著一團團的積雨雲，你可以想像成鮮奶油，決定給自己來杯加了滿滿鮮奶油的香濃熱可可。又或者是走斑馬線時，你可以跟自己玩遊戲，規定只能踩白色的線，成功了就會有好事發生。

　　諸如此類的小事，不只眼前的風景變得美好，你也能開始計畫未來。

　　「春天要吃草莓、賞櫻；夏天則一定要去海邊，光著腳丫踩沙；秋天要撿一片染紅的落葉，夾在我喜歡的書裡；冬天我要做好多雪人，讓它們排排站。」

　　這些小確幸，不就是清空內心憂愁的好方法嗎？

春天——吃草莓的季節

夏天——走訪冷麵名店

秋天——適合露營烤肉

冬天——在家烤地瓜

不用逼自己在一年內達成目標

當大人好難

　　當你一整天為了工作忙得團團轉、被大人應負的責任壓得喘不過氣時,是否曾想過「要是能回到小時候那樣無憂無慮的生活就好了」?

　　或許你現在就是這麼想的,但是你再仔細回想就會發現,小時候也會受傷,就算是孩子也有煩惱及憂愁。

　　「會不會只有我沒被邀請參加生日會?」
　　「跟朋友吵架好難過。」
　　「小考考得不好,好怕被罵。」

「快要開學了，作業都沒寫，怎麼辦？」

直到我們長大再回憶小時候，才發現那些事也沒什麼大不了，何必大驚小怪像是天要塌下來一樣？

然而成長的過程中，其實沒有事情是沒什麼大不了的。當下你一定很難過、很痛苦，只是日子一天一天地過，你對那件事愈來愈沒有感覺，也記不清了。

或許你曾經有過嚴重的長期創傷，但時間這道自然的洪流會推送你，讓你漸漸忘記那些傷痛，幫助你恢復並重新站起來。

成長的過程會為你過濾掉不必要的煩惱，讓你的心智更加健壯。不是有句話叫「破財消災」嗎？事先遭受到不好的事，可以免去日後更人的災難。每當不如意時，不妨安慰自己：「我會遇到怎樣的好事呢？」

現在的試煉總有一天會過去，或許你當下聽不進去這句話，覺得現在都快撐不下去了，誰還管以後？但請記得，在這段試煉之後，會有巨大的幸福正等著你，幸福到足以令你忘卻一切的不幸。

習以為常的小事，
也變得美好

　　每天起床上班、下班、睡覺，這樣周而復始的日子好悶、好無趣。

　　「哎，真想去旅行！」特別是在一個陽光和煦的好天氣，涼爽的風輕搔鼻尖，搖曳的樹葉發出沙沙聲，好想去旅行。要去哪呢？光是想像就讓你雀躍不已，但是大部分的時候你只是空想，或者上網查了旅行資訊、住宿、觀光景點之後就沒下文了。

　　很久以前的某一天，日子一如往常，我的心情卻特別

糟，連坐在位子上都痛苦難耐，於是我趁著午休時間到公司頂樓透透氣，靜靜地眺望那片熟悉的城市風景。我看著高聳的灰色辦公大樓、走走停停的車輛、奔波的人們，心想自己也是其中之一，只是機器裡的一個零件。

我突然好想逃離這一切，於是一個衝動，便向上司請了休假。

我離開辦公室，搭了一個小時的巴士到海邊。我什麼計畫都沒做，只是漫無目的地在海邊踩著沙、看看海。走到哪就去哪，肚子餓了便搜尋附近好吃的餐廳，我還發現充滿童年回憶的老文具店，買了國小常吃的古早味點心和冰沙。

我在小巷弄穿梭探險，忘情地觀賞爬滿牆面的常春藤與民宅前擺放的盆栽，累了就在欅樹下的涼亭小憩，一邊跟可愛的小狗玩耍。這裡跟我住的社區其實沒什麼不同，卻莫名有種被療癒的感覺。當我沉浸在這陌生又幽靜的環境時，內心的煩惱也不知不覺消散，等我回過神，太陽已經下山，星星也一顆顆冒出來了。

我正準備搭巴士回家，沒想到售票員說末班車已經開走了，但我並不驚慌，反正這趟旅行本來就很隨興，就隨遇而安吧！好在我請了兩天假，這下反而多一天可以再深度體驗這個地方，真是太好了。

　　我在便利商店買了啤酒和下酒菜，隨便找了附近的旅館下榻。因為是平日，熱情的旅館老闆主動幫我免費升級海景房，非常幸運。我在寧靜的房間裡望著窗外被夜色籠罩的大海，遠方的燈塔一閃一閃的，我把窗戶打開一道縫隙讓涼風吹進來，吃著餅乾配啤酒，好不愜意。要是我沒錯過末班車，就享受不到這種幸福了。

　　人生也是如此，我們雖然跟著具體的計畫和目的走，但偶爾也會衝動行事，也會遇到意料之外的事，而這些意外有時候反而能讓生活變得更美好。

　　因此，變化不見得可怕，不要去壓抑你渴望改變的那股衝動。

想要說走就走的時候，就出發吧！當你下定決心要出發，尋找生活中的亮點時，它們就會顯現在你眼前。

抱持隨興的心情，
就算是習以為常的小事，
也能變得燦爛美好

一味跟風，
內心反而更空虛

　　小時候很流行蒐集便利商店麵包附贈的貼紙，我常常為了抽到稀有貼紙而花光零用錢。就算是再可愛的角色，只要它的貼紙太容易蒐集到就變得不稀奇了；要是抽到稀有角色，即使外形醜也高興得不得了，因為班上同學都會因此關注你、羨慕你。為了得到稀有角色的貼紙，我當時不知道吃了多少麵包。

　　不知不覺，大家買麵包的目的不再是吃，而是拿到裡面的貼紙。更有人買了一堆麵包取出貼紙之後，就把麵包給丟了。當時只要蒐集愈多種類的貼紙，一夕之間就能變成學校

裡的人氣王。

　　過了一段時間，蒐集貼紙的熱潮退了，流行的風向也變了，就算抽到稀有角色的貼紙也不再稀奇，大家也沒那麼常買麵包了。到最後，曾經整理得漂漂亮亮的貼紙簿被扔在角落，從此沒人再看它一眼。終於有一天，就連貼紙簿不見了，主人也沒發現。

　　流行已退，某個同學卻仍然持續蒐集著貼紙，大家都笑他怎麼那麼傻，但他說自己有一個堅定明確的目標，就是集滿全部的貼紙。

　　除了那位同學之外，大部分的人是因為大家都在做、為了得到周遭羨慕的眼神和他人的關注，才瘋狂買麵包及蒐集貼紙。

　　長大出社會之後，我依然在追求別人眼中「有價值的東西」。

我特別在意別人的眼光，要是擁有了別人認為有價值的東西，我就沾沾自喜。我永遠無法被滿足，因為流行總是退燒得很快，擁有的滿足感很難持續。我無可自拔地不斷買新的東西，只為展現給別人看。

自從我轉職為自由工作者後，就不太需要常出門和人見面，我發現我買的新衣服幾乎沒穿過，它們不是被塞在衣櫃角落，就是連包裝都沒拆開。

因為沒什麼機會展現給別人看，自然而然也就少了炫耀的欲望。以前的我只在乎別人怎麼看，完全不知道真正讓我開心、對我有價值的東西是什麼，所以總是覺得空虛。

當我漸漸不被他人的評價綁架之後，我開始有了改變。我變得更幸福，好像找到了生活的重心，因為我更重視能真正帶給我滿足和價值的事物。

餐桌上美麗的花、精緻的狗狗衣服、可愛的馬克杯……，這些生活中的小事物都能帶給我幸福。吃飯時欣賞餐桌上的

花、看小狗穿上衣服的可愛模樣、用喜歡的馬克杯喝水，就覺得好開心。

　　相信很多人都知道「內在美比外在美重要」這句話，如果一個人的內在不幸福，不論外在裝扮得再怎麼華麗都沒有意義，只有照鏡子的那瞬間才會有短暫的喜悅。

結不結婚，我自己作主

「妳沒對象嗎？都幾歲了還不結婚。」

「年紀大了生育困難，趁年輕的時候趕快結婚。」

人到了某個所謂的「適婚年齡」，便經常聽到類似的勸告。我實在想不通，又不是他們在替我過日子、生孩子，憑什麼說這種不負責任的話，真叫人生氣。

好幾次我都氣得在心裡大吼：「我的未來我自己煩惱，你管好自己就好！」

小時候我對結婚充滿幻想，想像我和未來的另一半深愛彼此，過著如膠似漆的生活。我們每天早上一起睜開眼、溫馨地喝杯早晨熱咖啡、一起去買菜、手牽手在家附近散步、一邊喝啤酒一邊看電影，週末還可以開車去兜風……。

　　我浸淫在美好的幻想中，每次交往都會想像跟對方結婚的樣子。尤其看朋友結婚穿著白色婚紗、綻放著新娘子最幸福洋溢的笑容，那模樣真是美極了，更加深我對婚姻的幻想。

　　隨著時光推移，看到身邊已婚的朋友過得不開心，我美好的幻想也逐漸破滅。有些人是在婆媳關係上有衝突；也有人是一邊上班、一邊顧孩子，成天累得像條狗；更有丈夫婚後性情大轉變，讓夫妻關係劍拔弩張。看到這些例子，才知道婚姻並不如我想像得那樣美好。

　　如今，我反而覺得結婚是一件離我很遙遠的事，而且我也很喜歡像現在這樣專注於自己的生活，晚點結婚甚至不結婚都無所謂。

我不想因為所謂的適婚年齡，或是被「到了某個年齡就該做某件事」的社會成規限制，匆匆忙忙踏入禮堂。要是我因為別人督促而早早找個人嫁了，或許就沒辦法做自己想做的事，也沒辦法完成夢想了。

想做，就去做；不想做，就不去做，身為大人就該自己做選擇。沒有隨波逐流，不是你的錯。

小時候我們常被那些聽起來像忠告，實際上卻是只出一張嘴的言論影響。照別人的意思做，事後常常後悔；反而照自己的意思做，就算失敗了也無怨尤。

長大的好處之一，就是可以照自己的意思做決定。

結不結婚，我自己作主。

獨立前充滿幻想，
獨立後面對現實

　　大家都對搬出去住充滿了幻想吧？自己住自由多了，晚回家也不用看家人臉色，多自在啊！應該有很多人是這麼想的，當初的我也是。

　　我自己在外居住已經八年多，可說是專業級的獨居人士。想當初，我離家之前只想到獨立的好處，一心幻想著能自己一個人住。

　　「我可以養貓了！」
　　「再也沒有門禁，我自由了！」

「我有自己的空間，可以隨心所欲了！」

但是真的離開家之後，才真正開始體會獨立後數不清的壞處，例如總是三餐不正常，薪水都拿來付房租跟生活費，很難存錢。甚至有時候晚上還有莫名其妙的人敲門，嚇得我魂飛魄散。

下班後很孤單，要獨自面對空無一人的房間，而且房子也不是自己的，每年都要忍受搬家之苦。除此之外，自己好像變成了小孩，特別想家，尤其是心情不好或身體不舒服的時候就更想爸媽了。

要獲得自由，就要付出相對應的代價。

我的父母在比我還年輕的時候就獨立了，當年父親為了趕快安頓下來，住在一個狹小的房間，成天吃泡麵，最後得了胃炎，久久都沒有好；母親不斷地搬家找房，深知無殼蝸牛的苦，所以他們都極力反對我搬出去住。

全家人從一間擠來擠去的小房子，好不容易換成了寬敞的大房子，孩子長大後卻紛紛要搬出去，做父母的一定很惆悵吧？想到這裡我就不由得難過起來，覺得對不起他們。

　　一個人在外面住很辛苦，遇到問題必須獨自面對，常常把自己弄得身心交瘁，但是我並不後悔。我可以在屬於自己的空間過我想要的生活，做決定時也變得比以前更有自信和責任感，並且更有決心要認真生活。

　　因為離家遠，才體會到家人的重要性，以前過的好日子並非理所當然。我真真切切體認到父母的辛勞，對他們充滿虧欠與感恩。

　　自從我搬出去住之後，我跟父母的關係也變得不一樣了，我們比住在一起的時候更常通電話、傳訊息。母親常說：「累了就回家吧！」這句話支持著我一個人在外堅強地走下去。

　　沒想到獨立給我的啟示居然是「世界上沒有真正的獨

立」。雖然我看起來像獨立在外打拚，但實際上因為有了很多人的幫助和支持，才能堅定地活著。

或許獨立就是把自己放在一座孤島上，去領悟我們與他人的連結有多麼密切吧？

我們想像中的獨立

媽媽想像孩子的獨立

凡事沒有理所當然，
這就是人生

　　小時候我天真的以為爺爺、奶奶、爸爸、媽媽、親朋好友會永遠在我身邊，周遭的人事物都不會改變。

　　在我很小的時候，很少見面的嬤婆千里迢迢來我們家，我已經不記得她造訪的原因，只記得我很喜歡她。我們手牽手在沙灘上散步，每一餐我都吵著要坐在嬤婆旁邊。

　　我天真地以為人事物都是永遠的，理所當然認為嬤婆從此之後就會住在我們家，誰知道沒過幾天她居然說要回去了，我還大哭大鬧希望不要她走。

「下次還會再見面呀！」嬤婆說完，便笑著走了。

沒多久我聽大人說再也見不到嬤婆了，我聽不懂那是什麼意思，吵著要媽媽帶我去找嬤婆，但只換來一頓罵。

長大懂事之後，我才意識到原來她去世了，雖然隨著時間流逝，我對嬤婆的記憶日漸模糊，但是想起她還是會傷心難過。

年紀愈大，愈常經歷生離死別。先是祖母去世，疼愛我的親戚也相繼離開，我終於體認到原來這些人不會永遠待在我身邊。

除了人死不能復生的訣別，我也漸漸明白什麼是無可奈何的分開、漸行漸遠的離別，這些離別方式通常發生在家庭外的人際關係。我們口口聲聲說愛很重要，卻因為近在咫尺、習以為常，就把一切視為理所當然，忘了要珍惜。直到突然間再也見不到對方，才開始後悔、失落。

人總是一直重複著這種不明智的模式。

世界上沒有什麼事是理所當然的，別人愛你、對你好，也絕不是應該的。所有的人事物終究會離開，你永遠不知道現在陪伴在身邊的人什麼時候會消失，這就是人生。

所以我們要感謝那些願意付出時間和心力陪伴左右的人，並全心全意對待他們。

嬸婆，我好想妳

我是個幸福的人，
我辦得到

這件事要是成功了，就會幸福吧？心願達成就會幸福、完成目標就會幸福。

我們常常為幸福設條件，好像在還沒達成某件事之前，一定無法獲得幸福，這樣反而本末倒置了。

反而是當你抱持樂觀積極的心，相信自己做得到，認定過程本身就是幸福並且享受它，你的心願就會實現。

做這件事很幸福，所以才會成功。

每天過得幸福快樂，目標自然達成。

我是個幸福的人，我辦得到。

這件事要是成功了，就會幸福吧？

心願達成就會幸福

完成目標就會幸福

做這件事很幸福，所以才會成功
每天過得幸福快樂，目標自然達成
我是個幸福的人，我辦得到

愈拖愈痛苦，
不想做的事要先做

　　小時候我超級討厭做習題，成天只想著玩，要我坐在書桌前安分寫作業簡直是要我的命。有一天，我索性把作業丟在一邊，一直拖、一直拖，裝作沒這回事。可是那一整天我都焦躁不安，深怕要是課輔老師來了，一定會向母親告狀，到時候又要挨一頓罵了。

　　我玩得一點都不開心，只覺得煩躁。我既沒做作業，也沒好好玩樂，一天就這樣過去了。

　　最後，我還是挨了老師和母親一頓罵，並且得把昨天加

上今天的作業補齊，等於一次要寫兩份。我為了逃避一小時寫作業的痛苦，惴惴不安了一整天，最後換來雙倍痛苦。

當我們遇到麻煩的問題時，總是習慣把問題擺著不去面對，就像我不寫習題，假裝沒這回事一樣。但是，問題不會就這樣消失，它會像一根卡在喉嚨的刺，讓你難受得不得了，而且到頭來還是要處理它。

如果一直處於痛苦的狀態，最終你會屈服於不幸之下，認定自己是個不幸的人。

要消除痛苦與焦慮，最好的辦法就是面對它，愈是不想做、不想面對的事情，愈要優先處理。你要一拖再拖，成天戰戰兢兢；還是現在立刻花一小時把它完成，享受接下來的悠閒時光？選擇權在於自己。

自從我發現拖延只會延長痛苦焦慮的狀態之後，我就養成習慣——不想做的事先做。

「朋友」就是
成為彼此的急救藥

　　你的朋友之中，有沒有人是你可以在他面前全然做自己、就算暴露自己的脆弱，也不會被拿來當成弱點攻擊？

　　以前我向朋友訴苦，有些人把它當笑話來聽，甚至津津樂道、四處宣揚，藉此提升自己的優越感；也有些人真心相待，安慰我，為我傷心流淚。

　　以前我在人際關係受到很大的傷害，幾近崩潰之際我找了一個很要好的朋友傾訴。過程中我的眼淚沒有停過，朋友聽完立刻抓住我的手，帶我到車上，說要載我出去兜風。她

一邊開車、一邊罵那個傷害我的人，最後她也哭了。副駕駛座上的我看到朋友為我哭泣，我也跟著掉淚，結果兩個人在車上哭成一團。

原本以為那次事件的打擊，會在我心中留下一生難以抹滅的傷痕，好在有朋友那雙溫暖的手、兩人在海邊一起吃泡麵的美好記憶，我現在才能笑著談論起那件事。即使它帶來的創傷時不時還是會像一把利刃刺向我，但只要想起朋友當時的支持陪伴，我就能全身而退，不被傷害。

朋友把我從寂寞的高塔救了出來，我也努力地在她需要時，成為她可以信任依靠的對象。我們友誼深厚，能和對方分享所有的快樂和悲傷，也深深地依賴著彼此。

我很感謝她讓我知道什麼叫做「真正的朋友」。

「我們彼此都別傷心。」她如此說著。

希望你也能擁有忘卻痛苦，只留下幸福美好回憶的友

誼。希望你能得到更多的幸福回憶，來取代心痛的往事。

　　祝福你能找到可以陪你一起度過難關，日後與你笑著憶當年的好朋友。

凡事往好處想

我有一個很樂觀開朗的朋友，就算遇到再怎麼生氣的事，他也能把它講成一齣喜劇。

「我今天出了大包，被課長叫去訓話，誰知道課長的鼻毛隨著呼吸跑出來又縮回去，被罵已經不是重點了，我忍笑忍到快斷氣。」

還有一次他不小心摔傷尾椎，也被他當成笑話。

「我下班回家時，雨天路上濕滑，不小心摔了一跤，

而且還是一屁股重重栽在地上！屁股實在太痛了，我就去醫院，醫生說是尾椎骨折。我問醫生需不需要打石膏，他說這個部位無法上石膏，所以我就把 X 光照印出來當紀念，可憐的屁股連個石膏都打不了。」

開車遇到前方車輛轉彎不打方向燈、擋道妨礙行駛，或被亂超車，他也從不生氣。

每次跟他見面都很開心，生活就像一齣幽默詼諧的喜劇。你以為他沒遇過挫折？其實他的生活跟一般人沒兩樣，也會遇到不如意的事，只是他懂得退一步，用另一種角度去看待自身的不幸，將悲劇轉化成喜劇。

有些人跟我這位朋友剛好相反，凡事都看得很嚴重，講話都是否定句。例如看到別人找到工作，就潑冷水：「那間公司不怎麼樣，每天晚上都燈火通明，應該常加班。」

看到別人嘗試新的挑戰，他會說：「你以後就會明白還是做原本做過的事比較好。」讓人聽了很洩氣。又或是當你

好不容易買到夢寐以求的東西，他就用一句話惹怒你：「這東西不值這個價錢。」

跟這種凡事都很負面的人在一起心很累。我相信他對自己也是一樣，常用負面的言語自我打擊。

「學什麼新東西？就算報名補習班也只會去兩天吧？想也知道不行。」負面言語就像在路上害人摔倒的障礙物，讓你無法前進，甚至害你摔個狗吃屎。

難過傷心時就想想有趣好笑的事吧！那位樂觀開朗的朋友總是說，大笑一場，心情穩定下來後，就可以用更客觀的角度去看待事情。

哈哈哈

人生難免不如意

有一次我跟母親在外用餐，等了好久都沒出餐，問店員是不是漏掉了，店員連忙道歉說客人太多來不及，會趕緊幫我們做。母親一整天都還沒進食，雖然飢腸轆轆卻笑著說：「這也是沒辦法的事，沒關係，幫我們做好吃一點就好了。」

似乎不只我們這桌出餐慢，隔壁桌的客人也等得不耐煩，開始大小聲了起來。

「我已經等了一個小時都還沒好，這像話嗎？」

用餐中的客人紛紛皺起眉頭看著他,跟他同桌的阿姨一副驚慌失措的樣子。該名男子對著年紀足以當他女兒的店員大吼大叫,女店員看起來就快哭了。

「先生,適可而止吧,幹麼針對一個無辜的孩子?你若趕時間,就換別家吃。」

一名斯文的老爺爺出面勸阻,旁邊坐著一個像是他孫子的小男孩,但該名男子並沒有停止飆罵。後來其他客人一個個站出來強力譴責,同桌的阿姨羞紅著臉趕緊把他拉出店外。後來餐廳老闆為了表示歉意,只要晚出餐或送錯餐的客人,每桌都能拿到一瓶免費飲料。

「你看那個叔叔為了生氣,飯也沒吃,連飲料也喝不到,對不對?」老爺爺笑著對孫子說。

與其一個不如意就動怒,不如帶著善意的微笑體諒和接受,心存正念,也可以讓自己的內在更成熟。

事情不順心何必生氣呢？人生難免會遇到不如意，就讓它過去吧！

　　事情不會因為你生氣、大小聲、遷怒他人而解決，就像那名被眾人譴責的客人，到頭來損失的只有動怒的人。

　　我們的心要柔軟，如此一來不管遇到什麼改變、遭受到哪些痛苦或不如意，都能安然地度過，不至於心碎成一地。

　　因為夠柔軟，才能順利地通過變化無窮的人生通道。為了通過它，你得隨著通道的形狀變化，有時變扁、有時變圓，但你還是你自己，這點是不會變的。

某天，家裡來了一隻貓

　　我搬出去住後沒多久，一個朋友把自己養的貓寄放在我家，就再也沒來領回牠了。我猜他應該是想棄養，於是開始上網查有關貓咪的一切，翻遍了相關書籍，還買了一堆貓咪用品，準備好貓跳台，開始了我跟貓咪的同居生活。

　　誰知道在那之後沒多久，棄養貓的朋友突然聯繫我，要我支付貓咪的錢。雖然整件事都很不合理，但一想到貓咪回去之後應該也得不到良好的照顧，說不定哪天又被棄養，為了讓事情完整落幕，我便付錢買下這隻貓。

這隻咖啡色的貓超級可愛，但是個性有點難伺候，加上又在陌生的環境，看起來無精打采的。牠一點都沒有要跟我快樂相處的意思，我每天下班回家都會在被子上發現一灘尿，壁紙被刮破，垃圾也被翻得亂七八糟，家裡就像颱風掃過一樣慘不忍睹。我一直以來夢想著能養寵物，沒想到養起來卻如此累人。

有一次牠還把整包砂糖扯破，弄得地上到處都是，自己卻一副干我什麼事的樣子，在一旁傲嬌地伸懶腰，我只能百般無奈。

「算了，一隻貓懂什麼？」

我被牠訓練到幾乎成佛的境界，就算牠趁我熟睡時狠狠咬我的腳趾一口，或是像地痞流氓一樣趁我經過時，伸手刮破我的衣服，我都不跟牠計較。

漸漸地，我們的感情愈來愈好。

聽說貓咪會觀察跟自己一起生活的人類，只要主人跟平常不一樣或情緒有變化，牠們都能察覺出來。除此之外，也有人說貓咪分不出貓跟人類的差別，會把對方當成自己的媽媽或孩子。這麼說來，我的貓好像真的很照顧我，畢竟在牠的貓世界裡，只有我一個親人。

每天起床一睜開眼，就看到牠蜷成一團在我腳邊睡覺。下班回家，牠已經坐在玄關前等我。牠覺得浴室很危險不喜歡靠近，但只要我去浴室，牠就會跟在我後面保護我。

當我臥病在床時，牠會一整天坐在旁邊守護我。當我難過哭泣時，牠會跑來我身旁安慰我，讓我的眼淚滴濕牠的頭，即便牠超級怕水。被一隻貓當成家人照顧，真是可愛又幸福。

就算牠現在還是一隻會造反的貓，但更多時候是帶給我幸福快樂。貓咪的時間過得比人類快，所以牠已經是一隻比我老的貓爺爺了，好在目前為止牠很健康，沒有半點病痛。

一想到陪伴我這麼久、彷彿生活中理所當然的一部分突然消失，就覺得好害怕。因此我特別珍惜還能跟牠說「要乖乖吃飯、不可以生病喔」的日子，想要更寵牠、更珍惜牠。要是哪一天牠離開了，希望牠能跟我一樣，覺得一起度過的時光很幸福。

　　貓咪，你是我的朋友、我的家人。

原來貓咪也可以把家裡
弄得像狗窩一樣！
真有你的！
要健健康康、長命百歲喔！

改造焦慮大腦

國際知名大腦科學家要告訴你，
焦慮不是弱點，而是一種天賦！

善用腦科學避開焦慮迴路，
提升專注力、生產力及創意力

溫蒂・鈴木◎著

人生有所謂，決斷無所畏

幫助你不再迷航、
改變人生的勇氣之書！

電通集團 CEO 唐心慧分享如何做好決定，
告別糾結人生！
（附「練出決斷力」引導式筆記）

唐心慧◎著

【圖解】35 線上賞屋的買房實戰課

最好看的不動產頻道「35 線上賞屋」，
教你買一間好房子！

房價走勢 ・ 看屋心法 ・ 議價重點，
43 個購屋技巧大公開！

Ted ◎著

我的疾病代碼是 F

即使沒有特別的原因，
也有可能得憂鬱症！

從不知所措到坦然面對，
與憂鬱、焦慮、輕微強迫症共處的真實故事

李荷妮◎著

給總是因為那句話
而受傷的你

寫給那些在關係中筋疲力盡，
過度努力的人！

不再因為相處而痛苦難過，
經營讓彼此都自在的人際關係

朴相美◎著

我微笑，但不一定快樂

憂鬱不可怕，
「不快樂」更是可以說出來的事！

微笑下隱藏的其實是不安！
一個微笑憂鬱症患者寫給自己的和解之書

高愛倫◎著

心靈漫步

就算長大了，也還是會難過

不完美也沒關係，擁抱自己的55個溫暖練習

2023年1月初版　　　　　　　　　　　　　　　　定價：新臺幣390元
2023年4月初版第二刷
有著作權‧翻印必究
Printed in Taiwan.

著　　者	安	賢	貞
譯　　者	袁	育	媗
叢書主編	陳	永	芬
校　　對	陳	佩	伶
內文排版	林	婕	瀅
封面設計	張		巖

出　版　者	聯經出版事業股份有限公司	副總編輯　陳　逸　華
地　　　址	新北市汐止區大同路一段369號1樓	總編輯　涂　豐　恩
叢書主編電話	(02)86925588轉5306	總經理　陳　芝　宇
台北聯經書房	台北市新生南路三段94號	社　長　羅　國　俊
電　　　話	(02)23620308	發行人　林　載　爵
郵政劃撥帳戶第0100559-3號		
郵撥電話	(02)23620308	
印　刷　者	文聯彩色製版印刷有限公司	
總　經　銷	聯合發行股份有限公司	
發　行　所	新北市新店區寶橋路235巷6弄6號2樓	
電　　　話	(02)29178022	

行政院新聞局出版事業登記證局版臺業字第0130號

本書如有缺頁，破損，倒裝請寄回台北聯經書房更換。　ISBN 978-957-08-6651-3 (平裝)
聯經網址：www.linkingbooks.com.tw
電子信箱：linking@udngroup.com

國家圖書館出版品預行編目資料

就算長大了，也還是會難過：不完美也沒關係，擁抱自己的
55個溫暖練習/安賢貞著．袁育媗譯．初版．新北市．聯經．2023年1月．
228面．14.8×21公分（心靈漫步）
譯自：아무것도 모른 채 어른이 되었다
ISBN 978-957-08-6651-3（平裝）
[2023年4月初版第二刷]

1.CST：自我實現　2.CST：生活指導

177.2　　　　　　　　　　　　　　　　　　　　　111018747